Voltaire, Don Ranudo Maria de Collibradoz

**Die beste Welt**

Eine theologische, philosophische, praktische Abhandlung

Voltaire, Don Ranudo Maria de Collibradoz

**Die beste Welt**
*Eine theologische, philosophische, praktische Abhandlung*

ISBN/EAN: 9783743478268

Hergestellt in Europa, USA, Kanada, Australien, Japan

Cover: Foto ©Thomas Meinert / pixelio.de

Weitere Bücher finden Sie auf **www.hansebooks.com**

Martin

Verzweifelt das mein Held
ein Philosophe wäre?
Gleicht er nicht Zug für Zug dem
Herrn von Voltaire!

# Die beste Welt.

Eine
Theologische, Philosophische,
Praktische
# Abhandlung
aus dem Spanischen Grund-Text
des
Don Ranudo Maria Elisabeth
Francisco Carlos Immanuel
de Collibradoz,
Beysitzer der heiligen Inquisition,
übersetzet;
und
mit einer Vorrede, auch Zuschrift
und Register begleitet
von
Johann Albrecht Ralph,
der beyden Rechte Doctor und öffentlichen
Lehrer zu W\*\*\*

1761.

## Krause.

Die Welt ist ein Zusammenhang und eine
        Reihe vieler Sachen,
Kein Widerspruch, kein schnöder Zwang kann
        diesen Satz verwerflich machen,
Der Schöpfer hat von Ewigkeit
Der schönsten Ordnung Sicherheit
Vorher gesehn, gewehlt, gegründet,
Er wußte, was von nöthen war,
Sein Bau stellt keinen Fehler dar,
Weil alles sich so wohl verbindet.

      \*   \*   \*

An meinen
# lieben Bruder

in

Deutschland.

# Liebwerthester Bruder!

Du weißt, daß mich der Krieg zu einer sehr weiten Reise gebracht hat; Du weißt, ich war in dieser Entfernung von meinen ordentlichen Geschäften frey; Du kennest meine Schreib=Begierde und Büchersucht; meine gegen Dir hegende Liebe kennest Du gleichfalls; Du hast mir auch oft versichert, daß meine Feder Dir nicht mißfiele, und dies zusammen genommen, ist mit Herrn Panglos zu reden, der zureichende Grund, daß ich Dir gegenwärtiges Buch zum Geschenk übersende. Ich habe mich sehr bemühet, eine Materie aufzusuchen, so Dir
recht

recht gefallen möchte, und ich denke fast, daß ich sie gefunden habe. Du bist ungemein dienstfertig, und hilfst gerne den Nothleidenden. Wohlan, ließ das Verhalten des Wiedertäufers Jacob. Du liebst den Land-Bau; ließ die beyde letzte Capitel, so findest Du eine kleine Meyerey. Du übst Dich gerne im Schießen; es ist eine Frage: Ob Du Candiden übertrifst? Du bist ein Kenner schöner Pferde, und ein Liebhaber der Viehzucht. Wie ungemein müssen Dir nicht die drey Andalusische Gäule und die rothen Hammel gefallen! Jedes von diesen übertrift den braven Rappen, welchen ich kurz vor meiner Reise von Dir eingetauschet. Das Erdbeben von Lissabon habe ich selbst in Deinem Bücher-Vorrath gefunden, hier liefere ich es Dir aufs neue. Du hörst ganz gerne von Batiallen und Belagerungen sprechen, auch die stelle ich Dir vor Augen

gen. Du bist kein Feind vom schönen Geschlechte, und Cunegonde muß gewiß in ihrer Jugend nicht häßlich gewesen seyn. Gold und Juwelen liebest Du gleichfalls, wie man sie lieben muß. In Eldorado kannst Du umsonst mehr erhalten, als Du mit samt Deiner lieben schönen Frau zu tragen im Stande bist. Willst Du zur Veränderung in recht sehr vornehme Gesellschaft gehen, auch hiezu öfne ich Dir das Vorzimmer. Du hast einmal ein artiges Kästgen zu alten Münzen und Raritäten von mir empfangen, auch dies kannst Du Dir aus Heraclea füllen. Du tröstest gerne die Betrübten, erzehle solchen die Geschichte des alten Weibes, und ich wette, sie hören auf zu weinen. Du hörest endlich gerne einen rührenden geistlichen Redner, ließ die Rede meines Feld=Predigers, man kann nichts rührenders denken. Nur eins will ich verbitten, daß ja in Deiner

ner Stadt nicht ein solches Wirths=
Haus, wie in diesem Buche, angele=
get werde, ich müßte sonst die Zeit
meines noch kurzen Lebens auf Rei=
sen zubringen, ich gienge gewiß alle
Abend aus P = = = und käme alle
Morgen wieder. Ich könnte noch
mehr schöne Sachen anführen, die ich
Dir zu gleicher Zeit liefere; allein,
mir deucht, ich habe mein Geschenke
schon genug gelobt, ich möchte sonst
bey der gelehrten Welt im Verdachte,
einer begehrlichen Wiedervergeltung,
fallen, und diesen Schimpf wollte ich
mir gleichwohl nicht gerne zuziehen.
Kurz, lieber Bruder! was Dir an
dieser Schrift gefällt, das schreibe mir
zu, denn Du verstehest nicht Spa=
nisch; und was Dir mißfällt, das
schreibe dem Verfasser zu; denn, der
Titul giebt es Dir ja klärlich, daß
mir nur lediglich diese Zuschrift, die
Vorrede und das Register zugehö=
ret. Lebe wohl! Wenn Du die

Kunst verstehest, zu Krieges=Zeiten wohl zu leben; ich empfehle mich Dir und der werthesten Frau Schwester zur beharrlichen Liebe und verbleibe stets

Dein

W***
den 1. April. 1758.

getreuer Bruder
Johann Albrecht Ralph.

Vorrede.

# Vorrede.

Ich habe in meinem zwanzigjährigen Amte stets sehr darauf gehalten, alle Warheiten, soviel als möglich, praktisch vorzutragen. Es wird dieses auf denen mehresten Akademien, leider, verabsäumet; aber, was sind die Folgen davon?

## Vorrede.

Es wächst die Jugend hurtig in den Wissenschaften, aber auch eben so hurtig in den Lastern, sie wissen in allen Schluß=Formuln zu beweisen: Man muß nicht müßig gehen, man muß die Mäßigkeit beobachten, man muß für seine Gesundheit sorgen; gleichwohl aber lieben sie den Müßiggang, und die grossen Gläser, und essen, ohne der geringsten Vorsichtigkeit, vom verbothenen Baume. Meine Studenten sind zwar, meiner Bemühung ohngeachtet, auch nicht insgesamt gerathen; wenn ich aber etwan achte oder zehen ausnehme, welche gehangen, gerädert, geköpft, oder gerichtlich todt geschossen sind, so haben gleichwohl die übrige dem Vaterlande sehr nützliche Dienste geleistet, und die Erfahrung hat, ohne mich zu rühmen, gezeiget, daß meine Lehr=Art das sicherste Hülfs=Mittel sey, der Jugend die Erwerbung ihres ehrlichen täglichen Brodtes mit der Erlernung anständiger Sitten beyzubringen, kurz, Wissenschaft und Jugend zu vereinigen. So

## Vorrede.

So wenig Nutzen nun der gegenwärtige Vortrag stiftet, eben so wenig wird man durch die blos theoretisch geschriebene Bücher gebessert, sie helfen einem zu nichts weiter, als wie der Herr Professor Gellert saget:

> Man geht, und eilt, und lauft und ließt,
> Was denn? Daß man betrogen ist.

Unsere mehreste Schrift-Steller schreiben auch zu pedantisch. Die lächerliche Begierde, Philosophen scheinen zu wollen, ohne es würklich zu seyn, hat sich fast durchgängig eingewurzelt; sie haben gehört, daß man sich deutlich erklähren müsse, wenn man verständlich und nutzbar schreiben wollte, und hierüber gehen sie so weit, daß sie sich gar ein Bedenken machen, einer Nacht-Mütze, einer Bley-Feder, oder einer Priese Toback zu erwehnen, wenn sie nicht die Erklährung dieser Wörter zum voraus gesetzet haben. Ihre gelehrte Werke sehen daher aus, als wären sie für eine unterirrdi-
sche

## Vorrede.

sche Welt geschrieben, so mit uns in gar keiner Verbindung stehet, und in Betracht dieser Welt, sind diese herrliche Abhandlungen, des Haupt=Innhalts halber, höchstens ein Wörter=Buch zu nennen.

Selbst die Franzosen, wovon wir sonst öfters angestochen werden, fallen auch schon in diese deutsche Krankheit; ihr lebhaftes Naturell aber wird diese Seuche schwerlich überhand nehmen lassen. Jedoch, das dicke oder schwere Geblüthe ist wohl hievon nicht schuld, denn die Spanischen Gelehrten sind hievon gänzlich befreyet; die Schriften von Balthasar Gracian haben diesen Fehler so wenig als die feine Moral des Don Quichotte; und wer die gegenwärtige Abhandlung genau oder überhin lieset, der wird den Verfasser so gut davon frey sprechen, als den Herrn von Voltaire in Betracht des Zadig, und den Herrn Fielding in Betracht des Thomas

## Vorrede.

was Jones. Dies sind Bücher nach meinem Geschmack, sie sind angenehm, praktisch und nützlich geschrieben, sie enthalten zwar wenig Wort-Erklährungen, gleichwohl sind selbst die in diesen Büchern zuweilen vorkommende ausländische Wörter dem Leser so verständlich, als wenn er die berührte fremde Sprache von Jugend auf gelernet hätte. Da es sich indessen über den Geschmack nicht füglich streiten läßt, so will ich hievon abbrechen, und statt dessen, die Geschichte dieses Werks liefern.

Ich bin Professor zu W * * * die Einquartirung ist bekannt, so diese Stadt den Krieg über haben müssen; nun gieng zwar selbige denen Studirenden nicht im geringsten an, man begegnete ihnen vielmehr sehr artig, alle Lehr-Sääle blieben auch frey; allein, die Jugend wollte dem ohngeachtet fort, ich redete ihnen mit meinen Collegen zwar bestens zu, wir vergaßen keinen einzigen

## Vorrede.

Bewegungs-Grund, denn unser Vortheil war mit ihrem fernern Aufenthalt aufs genaueste verbunden; alles Vorpredigen war aber umsonst, die mehresten giengen fort, und ich glaube, sie hatten sich eingebildet, wenigstens dereinst Geheimderäthe zu werden, wenn sie sich selbst zu freywilligen Märtyrers machten, und ohne vertrieben zu seyn, und ohne etwas rechtschaffenes gelernt zu haben, mit ihrem größten Schaden die Universität verließen. Nun wurde ich vor der Hand auch nicht viel Nutze, ich nahm also Urlaub, und reisete nach der wieder entdeckten Stadt Heraclea. Ich hatte lange gewünscht, mein Naturalien- Münz- und Raritäten-Cabinet zu verstärken. Hier stillte ich also meine Lust, und da ich in jüngern Jahren mich einige Zeit in Spanien aufgehalten hatte, so reisete ich unter dem Titul eines Buchhändlers weiter nach Salamanca; ich hielt mich hier bereits vier Wochen im Wall-Fische auf, und wollte eben den andern Tag wieder nach

## Vorrede

nach meinem Vaterland, als in eben diesem Wirthshause ein neu angekommener Fremder mich auf seine Stube zum Abend-Eßen bitten ließ.

Dieser Fremde war einer der Helden dieses Werks, es war der Herr Baron von Thunder-ten-tronckh, er frug sofort nach meinem Vaterlande, und wo ich herkäme? Ich beantwortete seine Fragen; wir setzten uns gleich zu Tische, und als er erfuhr, daß ich vor etwan acht Monathe aus Sachsen gekommen wäre, so war seine erste Erkundigung nach dem damaligen Kriege. Der Krieg leitete uns natürlicher Weise auf Staats-Unterredungen, ich merkte bald, daß der Herr Baron sich hierinn sehr stark dünkte. Wir trunken fleißig, die Einsicht des Herrn Barons wuchs nach der Abnahme des Weins. Zuvor gab er sich das Ansehen eines Feld-Marschalls, und ich freuete mich herzlich, die neue Figur zu sehen, so er in der Folge annehmen würde.

würde. Er lerete sein ganzes Herz mit
famt den Flaschen, der Wein trieb seinen
ganzen innern Menschen heraus, ich sahe
ihn in seiner wahren völligen Gestalt, er
war zugleich Sully, Machiavell, St.
Pierre, Cartouche und Jesuite.

Er zeigete mir das künstliche Ge-
webe der Regierung zu Paraguai, und
ich erfuhr von ihm die Ränke, wodurch
er so schleunig Oberster geworden. Er
hatte als erster Capitain die oberste Besorgung der Gefangenen, und dieser Posten hatte ihm durch seine geschickte Ver-
waltung seine Beförderung gebracht.
Der Gouverneur verwahrete in seinem
Quartier die Staats-Cassey der Herr
Hauptmann wieß den leichtesten Zugang,
er bestiehlt sie verlarvet mit Beyhülfe,
der Gouverneur wird hieben geknebelt
und mit bestohlen, er läßt zu gleicher Zeit
einige wichtige Gefangene durchgehen, er
macht hieben die Ronde, er ist der erste,
so den Einbruch und die Ausbretung der
Misse-

## Vorrede

Missethäter gewahr wird, er lermt mit der Wache, er geht zum Gouverneur, er findet ihn fast halb todt, er giebt ihm die Hülfe; die ausgetretene Gefangene mußten die Diebe seyn, er läßt sie verfolgen, aber dergestalt, daß sie nicht eingeholet werden konnten, er läßt denen Wächtern den schärfsten Proceß machen, sie wußten aber zum voraus, daß sie begnadiget werden würden, nichts war nun natürlicher, seine Achtsamkeit, sein Dienst-Eifer, seine Treue, seine Gerechtigkeits-Liebe und seine Großmuth wurden hochgeschätzt, bekannt gemacht und belohnet, er wurde Oberster und Commendant, und nunmehr hatte mein Jesuite, was er vor der Hand wollte, er hatte durchgängig Vertrauen, Gewalt und Geld und Ehre.

Der Hof von Portugall und Spanien mußten nun herhalten, er wunderte sich, wie selbige gegen gelbe Erde, die kostbaresten Münzen, ihre Unterthanen

## Vorrede.

nach America senden und hiedurch ihnen denen Jesuiten das sicherste Schwerdt gegen sie selber in die Hände liefern könnten, und er zeigte mit vieler Wahrscheinlichkeit, daß diese Monarchen, wann sie noch länger diesen Titul behaupten wollten, entweder höchstens in drey Jahren die sämtliche Jesuiten mit samt dem Päbstlichen Gesandten aus dem Lande schäffen, oder ihre selbst ruinirte alte Reiche verlassen, und ihre Residenzien auf den Wegen des Christophori Columbi anlegen müßten. Er zeigte mir die Verbindung ihres Ordens durch alle Welt-Theile, er sagte: Wir und die Juden sind aller Orten, wo wir nicht verbothen sind, und wenn wir einmal zusammen treten sollten, so möchte ich sehen, wer uns verhindern könnte, einige neue Königreiche zu errichten!

Bald darauf wollte er den Pabst vermählen, ihm waren während seiner erlittenen Gefangenschaft, die neuere hohe

Ver-

## Vorrede;

Verlobungen unbekannt. Es ist wahr, die Prinzeßin, so er Ihro Heiligkeit beylegte, würde dem Patrimonio Petri nicht übel bekommen seyn; sein Vorschlag aber hätte nicht nur an einem mächtigen Catholischen Hofe leicht eine große Irrung verursachen können; sondern er hätte auch der jungen Prinzeßin, wegen dem gewaltigen Unterschied der Jahre, nothwendig mißfallen müssen. Ich nahm mir die Freyheit, ihn an die Grund-Sätze seiner Kirche zu erinnern; allein, er antwortete mir: Diese Anmerkung sey des Morgens um halb Achte gut, wenn er zu der Zeit noch im Bette läge, und gleichwohl um 8. Uhr Meße lesen sollte, und endlich gieng er gar so weit, daß er Stein und Bein schwur: Es müste die christliche catholische Kirche, in Betracht der befohlenen Enthaltung der Klöster, der hin und wieder eingeführten Keuschheits Commißionen, und der unter den Catholicken, wie unter den Türken, Mode gewordenen Verschneidung,

höch-

## Vorrede.

höchstens in 400. Jahren untergehen, wenn der Pater-General nicht verfügte, daß die Geistliche heyrathen dürften, die Nonnereyen abgeschaft, und die gedachte Landes-schädliche Commißiones mit samt den Verschneidungen auf ewig verbothen würden. Wir sind so toll, fuhr er fort, und lassen in fremden Landen und Welt-Theilen mit Last und Kosten catholische Christen machen, und verhindern mit Gewalt die Erweiterung der allein wahren Kirche in unsern eigenen Staaten, da wir in unsern Klöstern die schönste Gelegenheit hätten, selbige mit Lust anzufertigen, und durch die Weiber nicht nur noch Geld dazu erhielten, sondern auch durch selbige noch neues Geld aus andern Landen ziehen könnten; denn unsere fette Bischöffe, unsere ansehnliche Prälaten, unsere muntere Aebte, und unsere lustige Canonici, sind durchgängig recht gebauet, dem Frauenzimmer zu gefallen; nichts stehet uns entgegen, man mag die Sitten, den Cörper-Bau, oder unsere Einkünfte

betrach=

## Vorrede.

betrachten. Gott ehre mir die alten Römer! diese brauchten zu den Vestalischen Jungfrauen nur 6. Personen, aber auch die konnte Augustus nicht mehr unter den Vornehmen antreffen, die Väter sahen diese Härte mit samt der Thorheit zugleich ein, sie fanden es eben so wunderlich, als wenn ein gesunder Mensch sich zu Mittage für eine lustig anzuschauende neue Speise bedanken wollte, bevor er selbige gekostet, und Augustus mußte die Anzahl aus frey gesprochenen Sclavinnen nehmen; bey uns hingegen lassen sich die vornehmsten Eltern von der Geistlichkeit gar leicht bewegen, ihre Kinder in die Zucht-Häuser zu schicken. Sie müssen die Geschichte jenes großen Philosophen nicht gelesen haben, welcher von einem unverheyratheten über dem Tode seines Sohnes getröstet wurde, sonst würden sie mit selbigem uns gewiß antworten: **Werdet erst Väter, meine Herren, und denn redet uns zu!** Dies aber wundert mir besonders, daß man unsere wahre Absichten bey der Verstärkung der Klöster nicht längstens entdecket hat, es ist doch selbige so ungeschickt eingekleidet als möglich; die Eltern müssen die Kinder mit vielem Gelde in die Klöster einkaufen, dies bedecken wir zwar ganz gut mit dem Titul der Unterhaltung; aber, da wir das eingebrachte Vermögen auch nach dem Tode der Kinder behalten, so wäre fast nöthig, einen neuen Glaubens-Articul fest zu setzen, daß die geistlichen Brüder und Schwestern auch nach dem Tode von den Klöstern nachgespeiset und gekleidet würden. Ich wollte ihm aufs neue wiedersprechen, aber er war seiner Sache zu gewiß, ich muthmaße, er hatte die Fortpflanzung des menschlichen Geschlechts von den Herrn P. S * * zu B * * gelesen, er zeigte mir wegen der erwehnten Staats-Fehler, die Proportion der Zunahme der Protestanten, und die unvermeidliche Abnahme der Catholicken

## Vorrede

licken durch alle Staaten, und sein Calcul war ganz richtig.

Unsere Unterredung hatte noch kein Ende; der Herr Commendant belehrete mich, wie eigentlich er von der Rebellion der Herren Jesuiten der Urheber sey; Es war während seiner Paraguaischen Dienste, nicht lange nach dem gedachten Diebstahle, die Stelle des Pater-Provincials offen geworden; ich, sagte er, bemühete mich ganz unmerklich um diesen Posten, ich zeigete meine Fähigkeit am gehörigen Orte, mir war das fehlende innere Zutrauen der Abarischen Armee bekannt, ich erinnerte mir, was ich in meinen Kinder-Jahren von des Fortunatus Wünsch-Hüthlein gelesen hatte, und ich brachte das Geschenke eines ähnlichen Huthes und Degens für den Feld-Hauptmann gedachter Truppen, im Vorschlage; ich wiederlegte zugleich die etwan dagegen zu machende Zweifel, ich schrieb, daß der Feld-Hauptmann von seiner Firmelung an, schon weißlich hiezu vorbereitet worden, denn ihn war mit Fleiß täglich gelehret, daß die Probierung der Heiligthümer und die Versuchung Gottes einerley Tod-Sünde wäre; der hohe Werth der geheiligten Dinge war ihm gleichfalls tief ins Herz geprä̈get, ich schloß also hieraus: Man könnte sicher seyn, daß diese heilige Rarität nur höchstens beym Te Deum würde in die Hände genommen werden, man würde sie gewiß bey einer vorfallenden Bataille der Gefahr nicht aussetzen, einfolglich bliebe ihre Kraft stets im guten Rufe, und die Würkung unsers Wassers so gut sonder Verdacht als das Wasser des Jordans, wenn es der Feld-Hauptmann Naeman, des Königs von Syrien, bey seinem Aussatze nicht gebraucht hätte. Mein Einfall wurde gebilliget und vollstreckt, die Erfahrung bestätigte ihn auch bald, aber ich mußte, trotz meiner schönen Erfindung, dem Virgilius nachsingen:

Hos ego versiculos feci, tulit alter honores.

## Vorrede.

Hierüber deucht mir, wurde ich mit Billigkeit empfindlich, ich flochte daher den neuen Pater-Provincial glücklich in die Rebellion, und da ich Commendant war, so hätte ich warhaftig meinen Dienst schlecht verstehen müssen, wenn er nicht bey dem ersten Angriff hätte bleiben müssen; wäre aber dieses fehl geschlagen, so hätte ihn einer unserer eigenen Soldaten im Scharmützel, als wie von ohngefehr erschießen sollen, und sodann war ich sicher, nicht nur Pater-Provincial, sondern auch Herr und Meister; ich wurde aber, ehe ich es mir versahe, von einem Spanischen Parthey-Gänger aufgehoben, und mußte noch dem Himmel danken, daß ich als Prediger nach Constantinopel beym französischen Abgesandten geschickt wurde.

Von dieser Unterredung fiel mein Jesuite auf das Gleichgewichte der Staaten, er glaubte, die mehresten Fürsten liebten selbiges so wenig, als wie die

Kauf=

## Vorrede.

Kauf-Leute das Gleichgewichte der Wag-Schaalen. Er machte bald darauf ein Project vom ewigen Frieden, so aber ganz andere Säulen hatte als der ewige Friede des Herrn von Loen, ihm stach die Universal-Monarchie der Jesuiten im Kopfe; er ließ sich merken, wenn er erst Herr und Meister zu Paraguay wäre, so würde er auch wohl Herr und Meister von Portugall und Spanien. An Holz zu Schiffen und an Mannschaften solle es ihm nicht fehlen, denn er könnte beydes theils im Lande haben, theils aber dürfte er nur ein mäßiges von seinen alten Staaten an England abtreten, so könnte er auch füglich Frankreich die Spitze bieten. Sardinien, Sicilien und den Kirchen-Staat betrachtete er nur, so wohl wegen ihrer Schwäche, als wegen der Menge der daselbst zu seinem Orden gehörenden Spionen, als soviel Frühstücke, und er wollte eben seine Reiche mehr bevölkern, die alten Regierungs-Formen umgießen, die Finanzien

anders

anders reguliren, mich die beste Staats-
Kunst lehren, seine Armeen auf Bulgarischen Fuß setzen und weiter gehen, sich zum
allgemeinen Beherrscher der ganzen Welt
zu machen, als er von Hochmuth, Hoffen,
Einbildung, und Spanischen-Seckte ganz
betrunken auf die Erde fiel.

Dieser Zufall hätte von übeln Folgen für mich seyn können, wenn mein
besoffener Baron von ohngefehr crepirt
wäre; ich sorgte also, daß er ins Bette gebracht, und durch Thee wenigstens wieder halb nüchtern wurde. Halb nüchtern erzehlte er mir seinen weitläuftigen
Stamm-Baum; den erlittenen Schimpf
von Seiten seiner Tante, welche er enter-
ben wollte; er kam ferner von Candiden,
von seiner Schwester, von Herr Martin
und Herrn Panglos zu sprechen: Er sagte
endlich, daß Herr Martin ein grösserer
Philosoph wäre als Panglos. Er berich-
tete mir, daß Herr Martin seine Familien-Geschichte beschrieben, und zuletzt bekannte er, daß er sein letztes Geld für das

letzte

letzte Maaß Wein ausgegeben. Er holte seine Familien-Geschichte aus seinem Mantel-Sacke hervor, er versicherte: Martin sey ein feiner Kopf, und ich würde mir nicht im Lichte stehen, wenn ich als Buchhändler selbige kaufte, und im Haag oder sonst irgend wo heraus gäbe. Ich überlaß sofort einige Stellen, das Werk war in Spanischer Sprache geschrieben, es gefiel mir, ich kaufte es für 16 Stück von Achten, und verließ sofort den Herrn Baron und Salamanca. Ich liefere anjetzt dem geneigten Leser dieses Werk, von Wort zu Wort treulich übersetzet; ich habe nicht einmal den falschen Titul geändert, hinter welchem sich Herr Martin verstecken wollen, und wünsche daß der Leser Ursache habe, dem alten Weibe am Ende ihrer Erzehlung im 12ten Capitel zu widersprechen. W *** den 1. April. 1758.

*der Uebersetzer.*

## CENSUR
### der Theologischen Facultät.

Vorstehendes Werk, so den Titul führet: Die beste Welt, ist des Drucks vollkommen würdig, indem der Innhalt der Capitel die reinste Moral und richtigste Menschen-Pflichten lehret. Wie denn auch diese Abhandlung zur Beständigkeit im Glauben, und besondern Trost in Wiederwärtigkeiten, besonders in denen jetzt traurigen Zeit-Läuften des Krieges dienen kann. W** den 1. April. 1758.

Salamander Fuchs,
der W** Theol. Facult.
p. t. Decanus.

## CENSUR
### der Philosophischen Facultät.

Gegenwärtige Abhandlung: Die beste Welt, ist ein schöner Innbegriff der wahren Welt-Weisheit. Was nur die Philosophie gründliches und reitzendes und nützliches in sich faßt,

ist

ist in selbiger anzutreffen. Wir wünschen mit Recht, mehrere dergleichen Arbeiten zu haben, und wissen nichts weiter daran auszusetzen, als daß dieses Werk, so eigentlich nur für Gelehrte geschrieben, nicht in Lateinischer, sondern in der gemeinen Deutschen Sprache abgedruckt wird. W * * den 1. April, 1758.

Xaverius Justi,
der W * * * Philosoph.
Facultät.
a. t. Decanus und Director.

Das

## Das erste Capitel.

Candide wird im allerschönsten aller
möglichen Schlösser erzogen, und wegen
der schönen Cunegonde aus selbigen
heraus gejaget.

In dem Schlosse des Freyherrn von
Thunder-ten-tronckh war ein
junger Mensch, welchem die Natur die sanftesten Sitten verliehen; seine Bildung zeigte seine Seele, er hatte eine ziemliche
Urtheilungs-Kraft, sein Herz war ohne Falsch,
und

und ich glaube, daß ihm disfalls der Nahme Candide, welcher so viel als redlich heißt, beygelegt worden. Die alte Haus-Bediente hielten ihn für den Sohn der gnädigen Fräulein Schwester des Herrn von Thunder-tentronckh, welchen sie mit einem guten ehrlichen Land-Edelmann gezeuget hatte, heyrathen wollte sie ihn aber schlechterdings nicht, denn er konnte nur 71 Ahnen aufweisen, der Rest von seinem Stamm-Baum, war durch die Gewalt der Zeit verlohren gegangen.

Der Herr Baron war einer der mächtigsten Herren in gantz Westphalen, denn sein Schloß hatte eine Thüre, auch Fenstern; sein grosser Saal war so gar mit einer Leinewandnen Tapete behangen; seine Hof-Hunde machten im Nothfall eine Kuppel; seine Stall-Knechte waren seine Jäger; sein Priester war sein Ober-Allmosen-Meister, und alle nannten ihn gnädiger Herr, und alle lachten, so oft er nur das Maul aufthat.

Die gnädige Baroneßin, so ohngefehr 350 Pfund wog, erwarb sich durch ihre Figur ein ungemeines Ansehen, und sie vertrat die Wirthin vom Hause mit einem solchen Anstand, so sie noch weit vorzüglicher machte.

#### Die beste Welt.

Cunegonde ihre Tochter, ein Mädgen von 17 Jahren, war hoch von Farbe, frisch, dick und niedlich; der Sohn vom Herrn Baron, schien durchgängig seines Herren Vaters würdig zu seyn; Panglos, der Hofmeister, war das Orakel vom Hause, und der junge Candide, welcher zugleich mit dem Sohne des Herren Barons erzogen wurde, hörte des Panglos Lehren mit allen guten Glauben seines Alters und Gemüths-Charakters.

Panglos lehrete die Metaphysico-Theologo-Cosmolo-nigologie, er bewieß ganz unvergleichlich schön, daß keine einzige Würkung sonder Ursache wäre, und daß in dieser besten von allen möglichen Welten, das Schloß des Herren Barons das allerbeste von allen möglichen Schlössern, und die gnädige Frey-Frau die allerschönste von allen möglichen Baroneßinnen wäre.

Nichts ist klarer, sagte er, es kann auch nicht anders seyn; denn, da alles zu einem Zweck gemacht ist, so ist auch nothwendig, alles zum besten Zweck gemacht; merken sie wohl! alle Nasen sind gemacht, Brillen zu tragen, darum haben wir Brillen; die Beine sind uns sicher deshalb angesetzt, daß wir Schuhe und

und Strümpfe tragen sollen, und darum haben wir auch Schuhe und Strümpfe; die Steine sind geschaffen, daß wir sie schneiden und Schlösser davon bauen sollen, und daher hat der gnädige Herr ein so schönes Schloß; denn der größte Baron in der Provinz, muß auch zum Besten wohnen; so sind endlich die Schweine zur Speise gemacht, deßhalb räuchert die gnädige Frey-Frau alle Jahre so viel vortreffliche Schinken; einfolglich haben diejenige einfältig gesprochen, so behauptet haben: Alles in der Welt sey gut; sie hätten sagen sollen: Alles ist in der Welt zum allerbesten.

Candide hörete aufmerksam zu, und unschuldiger Weise glaubte er, denn er fand die Fräulein Cunegonde ausserordentlich schön, ob er gleich niemals das Herz faßte, es ihr selbst zu bekennen; er schloß, daß nach dem Glücke, gebohrner Frey-Herr von Thunden-ten-tronckh zu seyn; so wäre ohnstreitig, die zweyte Glücks-Staffel die Fräulein Cunegonde vorzustellen, die dritte selbige täglich zu sehen, und die vierte den Herrn Panglos, den größten Philosophen der Provinz, und einfolglich des ganzen Erdbodens, hören zu können.

Eines

Eines Tages gieng Cunegonde beym Schloß in dem kleinen Gehölze spatzieren, so man den Parc nannte, und sahe zwischen dem Gesträuche, wie der Doctor Panglos, der Kammer-Jungfer ihrer Mutter, einem kleinen, artigen, schwarzbraunen, leichtfaßlichen Mädgen, einen Versuch aus der thätigen Natur-Lehre beybrachte. Cunegonde, so eine schöne Anlage zu Wissenschaften besaß, gab, ohne sich zu rühren, genau Achtung; sie war eine Augenzeugin von den wiederhohlten Versuchen, sie sah ganz deutlich den zureichenden Grund des Herrn Doctors, die Würkungen und die Ursachen; sie kehrte daher ganz voll Wallung und tiefsinnig zurück, sie war von Begierde erhitzt, gleichfalls gelehrt zu werden, und dachte, sie könnte auch wohl einmal den zureichenden Grund von dem jungen Candiden und der junge Candide von ihr abgeben.

Sie begegnete Candiden, als sie wieder nach dem Schlosse gieng, sie erröthete, und Candide wurde auch roth; mit einer unterbrochenen Stimme hieß sie ihn willkommen, und Candide antwortete ihr gleichfalls, ohne zu wissen, was er sagte. Den folgenden Tag, wie von der Tafel aufgestanden ward, fanden sich Cunegonde und Candide hinter dem Schirm; Cunegonde ließ ihr Schnupftuch fallen, Candide hob es auf, sie begriff ihm voll Unschuld die Hand, und voll Unschuld küßte er ihre Hand mit einer ganz besondern Lebhaftigkeit und Empfindung; ihr beyderseitiger Mund begegnete sich, ihre Augen wurden voll Feuer, ihre Knie zitterten und ihre Hände verirrten sich; so eben gieng der Herr Baron von Thunder-ten-tronckh vor dem Schirm vorüber, und da er diese Ursachen und Würkungen sahe, so jagte er den jungen Candiden mit einigen hinterwärts gegebenen Fuß-Stössen aus dem Schlosse; Cunegonde fiel in Ohnmacht, die gnädige Baroneßin gab ihr, als sie wieder zu sich selbst kam, einige derbe Ohrfeigen, und alles wurde in dem allerbesten und aller angenehmsten aller möglichen Schlösser, in Bestürzung gesetzt.

## Das zweyte Capitel.

### Candide wird Soldat unter den Bulgaren.

Als Candide aus dem irrdischen Paradiese vertrieben worden, gieng er lange herum, ohne zu wissen, wohin; er weinte, er hob seine Augen gen Himmel, er wandte sich oft nach dem allerbesten Schlosse um, so die allerschönste von allen möglichen Baroneßin in sich faßte; er legte sich, sonder Abend-Essen, mitten auf dem Felde zwischen zwey Furchen nieder; der Schnee fiel mit grossen Flocken, und so schleppte er sich endlich den andern Morgen, ohne Geld fast sterbend für Frost und Müdigkeit und Hunger, nach der benachbarten Stadt Waldberghoff-trabck-dickdorff, und blieb ganz traurig an der Thüre eines Wirthshauses stehen.

Zwey Manns-Persohnen, so blau gekleidet giengen, wurden ihn gewahr: Camerade, sagte der eine, stehe da einen wohl gewachsenen jungen Menschen, er hat die nöthige Grösse! Sie giengen hierauf an Candide und bathen ihn ganz höflich, mit ihnen zu Mittage zu speisen.

sen. Meine Herren, sagte Candide mit einer angenehmen Schamhaftigkeit: Sie erweisen mir viel Ehre, aber ich habe kein Geld, meine Zeche bezahlen zu können. Ey, mein Herr! versetzte einer von den Blau-Röcken, solche Persohnen von ihrem Ansehen und Verdiensten haben nicht nöthig, etwas zu zahlen; haben sie nicht 5 Fuß, 11 Zoll? Candide neigte sich tief und sagte: Ja, meine Herren, so groß bin ich. Gut, fiel die Antwort, setzen sie sich zu Tische, wir wollen sie nicht nur frey halten, sondern wir werden auch niemals zugeben, daß es ihnen am Gelde mangele; denn, wir Menschen sind gebohren, daß einer dem andern zu Hülfe komme. Sie haben recht, erwiederte Candide, mein Hofmeister, Panglos, hat mir dis auch alle Tage gesagt, und ich sehe jetzt mehr als zu wohl, was er noch daneben zu sagen pflegte, daß alles in der Welt zum allerbesten sey. Man ersucht ihn, einige Thaler anzunehmen; er nimmt sie, er will einen Schein darüber ausstellen, man will aber keinen, und sie setzen sich insgesamt zu Tische. Lieben sie nicht zärtlich . . . ? O ja! versetzte er, zärtlich liebe ich die Baronessin Cunegunde. Nein, sagte einer von den vorgedachten Herren, wir fragen: Ob sie nicht
den

## Die beste Welt.

den König der Bulgaren herzlich lieb haben? Keinesweges, war seine Antwort, denn ich habe ihn in meinem Leben nicht gesehen. Ist es möglich! Er ist der gefälligste und der beste von allen möglichen Königen; wenn es ihnen gefällt, so wollen wir seine Gesundheit trinken. O sehr gerne, meine Herren, sagt Candide, und Candide trinkt. Kaum hatte Candide getrunken, so hieß es, nun ist es gut, nun seyd ihr der Beystand, die Stütze, der Vertheidiger, und ein Held der Bulgaren, euer Glück ist nun gemacht, und euer Ruhm ist sicher; so fort werden ihm Ketten an den Füßen gelegt, und er wird zum Regimente gebracht; hier lehrt man ihm die Wendung Rechts und Links, man lehrt ihn das Gewehr schultern und beym Fuß nehmen, anschlagen, feuern; man lehrt ihn hurtig marschiren, und man giebt ihm 30 Stock Schläge; den folgenden Tag macht er seine Sachen schon ein wenig besser, und er bekommt nur 20 Prügel; den dritten Tag empfängt er nur 10 Hiebe, und wird von seinen Cameraden als ein Wunder angesehen.

Candide ganz erstaunend, konnte noch nicht begreifen, wie er so schleunig ein Held geworden. An einem schönen Frühlings-Tags nahm

nahm er sich vor, spatzieren zu gehen; er gieng gerade vor sich weg, er glaubte, das menschliche Geschlecht hätte gleich den Thieren die Freyheit, sich der Füsse auch zum Vergnügen zu bedienen; er war aber noch nicht zwey Stunden gegangen, als ihn schon 4 andere sechsfüßige Helden einholeten, sie banden ihn und führten ihn ins Gefängniß; man frug ihn gerichtlich, was er lieber wollte: 36 mal durch 200 Mann Spießruthen laufen, oder sich mit einst drey bleyerne Kugeln durchs Gehirne jagen lassen; Candide mochte noch so viel einwenden und noch so viel sagen, daß der menschliche Wille frey wäre, und er weder das eine, noch das andere wollte; es half nichts dafür, er mußte wehlen, und er entschloß sich endlich, nach der göttlichen Gabe, die man Freyheit nennt, 36 mal Spießruthen zu laufen; er gieng die lange Gasse zwey mal auf und nieder, dis machten für ihn 800 Hiebe, wodurch ihm vom Nacken bis zum Ende des Rückens alle Mußkeln und Nerven entblößt wurden; als er den dritten Tag gehen sollte, so konnte er nicht mehr; er bath daher um Gnade, daß man die Gewogenheit haben möchte, ihn todt zu schiessen; diese Bitte wurde ihm bewilliget, man verband ihm die Augen,

## Die beste Welt.

Augen, er mußte nieder knien, und in demselben Augenblick kam der König der Bulgaren gereiset, er erkundigte sich nach des armen Sünders Verbrechen, und da dieser König einen grossen Geist besaß, so merkte er gleich aus allen, was man ihm von Candiden erzehlte, daß selbiger ein junger Metaphysikus sey, welchem die Dinge dieser Welt noch unbekannt wären, und der Monarch sprach ihn mit einer so ausnehmenden Gnade frey, die in allen Monathsschriften und in allen Jahrhunderten Lob erhalten wird. Ein ehrlicher Feldscher curirte Candiden in 3 Wochen mit erweichenden Pflastern, wie Dioscorides gelehret hat, und er hatte schon wieder ein wenig Haut, und konnte bereits wieder gehen, als der König der Bulgaren Lust hatte, dem Könige der Abaren eine Schlacht zu liefern.

Das

## Das dritte Capitel.

Eine Bataille zwischen den Bulgaren und Abaren, bey welcher Candide davon läuft, und einen Priester, eine Priester-Frau und einen Wiedertäufer kennen lernt.

Nichts fiel herrlicher in die Augen, nichts war schöner, hurtiger und besser angeordnet, als beyde Armeen. Die Trompeter, Pfeiffer, Hautboisten, Tambours und Canonen verursachten eine solche Harmonie, so in der Hölle selbst nicht anzutreffen. Die Canonen wurfen ohngefehr von jeder Seite an 6000 Mann über den Haufen; das kleine Feuer nahm ohngefehr 10000 Bösewichter von der besten Welt, so ihre Oberfläche verdorben hatten, und das Bajonett wurde gleichfalls von dem Tode einiger tausend Menschen der zureichende Grund, welches überhaupt gerechnet, sich leichtlich an 30000 Seelen belaufen konnte. Candide, der hiebey als ein Philosoph zitterte, verbarg sich während dieses heldenmäßigen Metzeln, so gut er konnte.

Kurz

## Die beste Welt.

Kurz, indem diese beyde Könige in ihren Lagern das Te Deum singen liessen, ergriff Candide die Gelegenheit, anderweitig über die Würkungen und Ursachen der Dinge, Betrachtungen anstellen zu können; er gieng über viele Todte und Sterbende und erreichte bald ein nah gelegenes Dorf, so in der Asche lag, es gehörte den Abaren, die Bulgaren hatten selbiges nach dem Rechte der Fürsten verbrandt; hier sahen verwundete Alte, wie ihre erwürgte Weiber den Geist aufgaben, und gleichwohl ihre Kinder noch an den blutenden Brüsten hangen hätten; dort seufzten sterbende Mädgens, so kurz zuvor, eh ihnen der Leib aufgeschnitten, zur Abkühlung einiger Helden, dienen müssen; und andere halb Verbrandte schrien und bathen, ihre grausame Marter und Schmerzen mit ihrem Leben zu verkürzen, Gehirne, Arme und abgehauene Beine lagen auf dem ganzen Felde herum gestreuet.

Candide floh schnell nach einem andern Dorfe, dis gehörete den Bulgaren, und die Abarische Helden hatten mit selbigem auf gleiche Weise gewirthschaftet; Candide mußte hier gleichfalls über Todte, oder zuckenden
Glie-

Gliedern, oder über Ruinen gehen; endlich aber gelung es ihm gleichwohl, mit seinem noch etwas gefüllten Brodt-Beutel, ausserhalb dem Krieges Theater zu kommen, niemals aber vergaß er der Fräulein Cunegonde; sein Vorrath hörete auf, als er nach Holland kam; da er aber gehöret hatte, daß fast alle Leute daselbst reich und Christen wären; so zweifelte er nicht an einer eben so guten Aufnahme, wie ehedem im Schlosse des Herrn Barons, bevor er durch die schöne Augen der reitzenden Cunegonde aus selbigem verjaget worden, und da er zuvor zwischen Spießruthen laufen und todt schiessen lassen, wählen müssen; so sahe er anjetzt nur lediglich der einzigen Schwierigkeit entgegen, wie er sogleich beym ersten Eintritt in der Stadt, die beste Aufnahme von den guten, mittlern und schlechten, richtig unterscheiden und klüglich wählen würde; mit diesen Gedanken und einem hungrigen Magen erreichte er den Markt Platz; seine Dürftigkeit verrieth so wohl seine zerrissene Mondur, als sein mageres Gesichte, viele hundert Leute sahen beydes, ohne ihm ihren Beystand anzubiethen; er sahe sich also endlich genöthiget, verschiedene angesehene Persohnen um ein
Al-

## Die beste Welt.

Allmosen anzutreten; alle aber antworteten: Sie würden ihn in ein Zucht-Haus setzen lassen, damit er leben lernte, wann er die jetzige Lebens-Art länger beybehielte.

Candide wandte sich hierauf an einen Mann, welcher eben eine ganze Stunde lang, vor einer grossen Versammlung von einem erhabenen Stuhle, über der Barmherzigkeit, Freygebigkeit und Sanftmuth, als den vornehmsten Christen Pflichten, ungemein gründlich gesprochen hatte; dieser Redner sahe ihn von der Seite an; weßhalb seyd ihr hier? war seine Frage, seyd ihr hier für die gerechte Sache? Candide antwortete: Es ist keine Würkung ohne derselben, alles ist nothwendig mit einander verknüpft, alles ist auf das allerbeste angeordnet; so bin ich von der schönen Cunegonde weggejaget; so habe ich Spießruthen laufen müssen, und so muß ich jetzt mein Brodt betteln, bis ich selbst im Stande bin, etwas zu verdienen, und alles dieses konnte nicht anders seyn, als es würklich ist, sonst wäre diese Welt nicht diese Welt, ihre Theile stünden sonst nicht in der vortrefflichsten Verbindung, und sie wäre alsdann nicht die allerbeste, welches sie gleichwohl würklich ist.

Glaubt

Glaube ihr dann, sprach der Redner, daß der Pabst der Anti-Christ sey? Davon habe ich nie gehöret, versetzte Candide, allein, er sey es nicht, so habe ich doch kein Brodt. Du verdienst nicht Brodt zu haben, war die Gegenantwort, geh, Bösewicht! geh, Elender, und komm mir in deinem Leben nicht wieder vor Augen! Die Frau des Redeners, so hiebey den Kopf aus dem Fenster gehalten und den Menschen gewahr geworden, welcher an dem Anti-Christmum des Pabsts zweifelte, goß ihm sofort einen vollen . . . . O Himmel! wie hoch geht nicht der Religions-Eyfer bey dem weiblichen Geschlechte!

Ein ehrlicher Mann, so nie getauft war, ein redlicher Wiedertäufer, Nahmens Jacob, sahe diese grausame und schimpfliche Art, womit dem zwey füßigten beseelten Thiere ohne Federn, womit diesem seiner Brüder war begegnet worden, er erbarmte sich seiner, er führte ihn hinab in sein Haus, er reinigte ihn, er gab ihm Bier und Brodt, er schenkte ihm zwey Gulden, und wollte ihn sogar in seiner Persischen Stoff-Manufactur, so in Holland eingeführt ist, arbeiten lehren. Candide warf sich fast vor ihm nieder, und rief: Herr
Panglos

Panglos hat wohl recht gesagt, daß diese Welt die allerbeste sey, denn ich bin ungleich mehr durch ihre ausserordentliche Güte gerühret, als durch die Härte, so mich der Herr im schwarzen Mantel mit seiner Ehefrau verspühren lassen.

Als er den andern Tag spatzieren gieng, begegnete ihm ein Bettler, dieser war voller Geschwüre, die Augen waren ihm ganz erstorben, das Nasen-Bein eingefallen, das Maul verzogen, seine Zähne waren schwarz, seine Füsse waren kraftloß, er sprach durch die Gurgel, und so oft er hustete, so oft fiel ihm auch fast zugleich ein Zahn aus seinem verzogenen Maule.

---

## Das vierte Capitel.

### Candide trift seinen alten Lehrmeister, den Doctor Panglos, wieder an, und dieser liefert ihm einen sehr alten Stamm-Baum.

Candide, so mehr von Mitleid als vom Ecke gerühret war, gab diesem abscheulichen Bettler die

die zwey Gulden, so er von seinem redlichen Wiedertäufer, Jacob, erhalten hatte. Dis Ungeheuer sahe ihn mit unverwandten Augen an, fing an zu weinen und wollte ihm um den Hals fallen. Candide erschrack und sprang zurücke; wie! rief dieser Elende dem andern Elenden zu, kennen sie ihren lieben Panglos nicht mehr? Was höre ich! sind sie es! sind sie, mein lieber Hofmeister! wie treffe ich sie in diesen erschröcklichen Umständen! was für ein Unglück ist ihnen zugestossen, daß sie sich nicht mehr in dem allerbesten Schlosse befinden? Was macht die Crone der Mädgens? Was macht das Meister-Stück der Natur, sagen sie mir hurtig, wie ergehet es der schönen Cunegonde? Ich werde ohnmächtig, sagte Panglos, und Candide führete ihn so fort in den Stall des Wiedertäufers, hier gab er ihm ein wenig Brodt zu essen, und als Panglos sich erholet hatte, frug jener aufs neue: Was macht denn Cunegonde? Sie ist todt, war die Antwort, und so fort verließ Candiden alle Känntniß; sein Freund fand von ohngefehr ein wenig schlechten Wein Eßig im Stalle, womit er seinen Freund ermunterte; Candide öfnete Mund und Augen wieder; so, ist sie todt, die schöne Cunegonde! O du beste Welt,
wo

bist du! Aber, an welcher Krankheit starb sie denn? Starb sie nicht deßhalb, weil sie mich aus dem Schlosse ihres Vaters mit Füssen stossen sehen? Nein, sagte Panglos, die Bulgarische Soldaten haben ihr den Bauch aufgeschnitten, zuvor aber sie nach Möglichkeit gebraucht; dem Herrn Baron, so ihr beystehen wollte, haben sie den Kopf entzwey geschlagen; die gnädige Frey Frau hieben sie in Stücken, und mein armer Untergebener hat das nemliche Schicksal seiner Schwester empfinden müssen; vom Schlosse ist kein Stein auf dem andern geblieben, keine Scheune, kein Hammel, keine Endte, kein Baum, nichts ist mehr da; wir haben aber eine ansehnliche Genugthuung erhalten, denn die Abaren haben die benachbarte Baronie, so einem bulgarischen Herren gehörte, auf eben solche Weise verwüstet und zugerichtet.

Bey dieser Erzehlung ward Candide zum andernmal ohnmächtig, und als er wieder zu sich kam, und alles gesagt hatte, was er hätte sagen sollen, so erkundigte er sich nach der Ursache, nach der Würkung, und nach dem zureichenden Grunde, so Panglos in seine Erbarmungswürdige Umstände gesetzet. Die

Liebe

Liebe ist es, leider! antwortete der andre, die Liebe, der Trost des menschlichen Geschlechts, die Erhalterin der Welt, die Seele aller sinnlichen Creaturen, die zärtliche Liebe ist Schuld daran. Leider! versetzte Candide, leider habe ich diese Liebe, diese Beherrscherin der Herzen, diese Seele unsrer Seele auch kennen lernen, sie hat mir aber weiter nichts eingebracht, als einen einzigen Kuß, und zwanzig Fuß Stösse vor den Hintern; wie hat doch diese schöne Ursache eine so abscheuliche Würkung bey ihnen hervor bringen können?

Panglos antwortete: Lieber Candide! sie haben Paquetten, das angenehme Kammer-Mädgen unsrer erhabenen Baroneßin gekannt, in ihren Armen schmeckte ich die Lecker-Bissen des Paradieses, und diese haben das höllische Feuer entzündet, wovon sie mich verzehret sehen. Paquette war angestochen, sie ist vielleicht darüber schon gestorben; sie hatte dis feine Geschenk von einem sehr gelehrten Barfüsser-Mönch empfangen, welcher keine einzige Ahne davon verlohren, denn er stammte disfalls ab von einer alten Gräfin; die alte Gräfin stammte disfalls ab von einem Capitain der Cavallerie; der Capitain der Cavallerie stammte

stammte ab von einer Marquisin; die Marquisin stammte ab von einem Pagen; der Page stammte ab von einem Jesuiten, dieser stammte in gerader Linie von einem Gefährten des Christophori Columbi und hatte dis seine Geschenk in seinem Probe-Jahre erholten, von mir wird es niemand wieder bekommen, denn ich werde bald sterben.

O Panglos! rief Candide, was ist das für ein Stamm-Baum! ist nicht der Teufel der Stammhalter von demselben? Keinesweges, versetzte dieser grosse Geist, dis war eine unumgängliche Sache in dieser besten Welt, sie gehörte nothwendig hinein; diese Krankheit vergiftet zwar die Quelle der menschlichen Zeugung, sie verhindert selbige so gar ofters, sie ist auch allerdings dem grossen Endzweck der Natur gerade entgegen gesetzet. Allein, bedenken sie nur! hätte Columbus diese Krankheit nicht in einer Americanischen Insul ertappt, so hätten wir weder Chocolade, noch Cochenille. Noch ist zu merken, daß auf dem festen Lande, diese Krankheit gleichwie die Streit-Fragen, nur uns ganz besonders eigen sey; die Türken, die Indianer, die Perser, Chineser und die zu Siam und Japan kennen sie noch nicht. Indeß ist ein zureichender Grund

Grund bothanden, daß auch diese Völker diese Krankheit in einigen Jahrhunderten, nach ihrer Reihe, werden kennen lernen. Der Fortgang, den selbige unter uns gehabt, ist wunderbar, besonders in denen grossen Armeen, welche aus ehrlichen, wohl gezogenen Lohn-Knechten zusammen gesetzt sind, und das Schicksal der Staaten entscheiden; denn, wenn 3000 Mann gegen einer gleich starken Armee in Schlacht-Ordnung aufmarschiret sind, so kann man sicher wetten, daß von jeder Seite sich an 20000 Mann damit angestochen befinden. Das ist gewiß artig, sagte Candide, allein, lieber Panglos, sie müssen sich curiren lassen. Wie bin ich dazu im Stande, antwortete der Philosoph; ich habe ausser ihren zwey Gulden nicht einen Pfenning, und auf dem ganzen Erdboden kann man sich weder zur Ader lassen, noch ein Clistier nehmen, man muß entweder selbst Geld haben, oder ein anderer muß für uns bezahlen.

Dieser letzte Gedanke verursachte, daß Candide sich zu den Füssen des mitleidigen Wiedertäufers, Jacob, nieder warf, er erzehlte ihm das Unglück seines Freundes, und er schilderte ihm seinen elenden Zustand so rührend ab, daß dieser redliche Mann kein Bedenken trug,

trug, den Doctor Panglos sofort aufzunehmen; er ließ ihn auf seine Kosten heilen, und Panglos verlohr in der Cur nichts weiter als nur ein Ohr und ein einziges Auge.

Panglos konnte gut schreiben, er verstand vollkommen die Rechenkunst, der Wiedertäufer, Jacob, machte ihn dißfalls zu seinem Buchhalter, und nach Verlauf zweyer Monathe gieng Jacob in seinen Handlungs-Geschäften mit seinen beyden Philosophen zu Schiffe nach Lißabon. Panglos erklährete unterweges, wie alles in der Welt zum allerbesten wäre, sein Herr war aber nicht dieser Meynung; ich glaube, sagte Jacob, daß zwar alles zum allerbesten gewesen; aber ich glaube nicht, daß alles noch würklich zum allerbesten sey. Denn, ich halte dafür, daß die Menschen die Natur in etwas verdorben haben; so sind die Menschen nicht als Wölfe gebohren, sie sind es aber gleichwohl geworden. GOtt hat ihnen weder 24 pfündige Canonen, noch Bajonette gegeben; sie aber haben Bajonette und Canonen gemacht, um sich einander aufzureiben, auch könnte ich auf diese Rechnung die Banqueroutte setzen; wie auch die Richter, welche sich des Vermögens der Banqueronteurs anmassen,

sen, und solches hiedurch denen Gläubigern entziehen. Ja, mir deucht, sie selbst, Herr Buchhalter, hätten nicht weit zu greifen, um sich von der verdorbenen Natur zu überführen. Alles dis ist nothwendig, antwortete der einäugigte Doctor; die besondere Unglücksfälle machen das Gute im ganzen dergestalt, daß um so stärker die besondere Unglücksfälle sind, um desto mehr ist das Ganze gut. Indem er also philosophierte, wurde die Lust finster; die Winde bliesen aus allen vier Gegenden der Welt, und das Schiff wurde im Angesicht des Hafens von Lissabon mit dem erschröcklichsten Gewitter überfallen.

## Das fünfte Capitel.

Gewitter, Schiffbruch und Erdbeben. Der Character eines Boots-Knechts. Ein kleiner Vorschmack von der Spanischen Inquisition.

Die heftige Beklemmung, so das Weben des Schiffes beym Sturm in allen Nerven und Adern verursachet, benahm der halben entkräfteten

### Die beste Welt.

ſeten Reiſe-Geſellſchaft das Vermögen, ſich
über der Gefahr zu beunruhigen; die andere
Hälfte beſchäftigte ſich mit ſchreyen und beten.
Die Seegel waren indeß zerriſſen, die Maſt-
Bäume zerbrochen, und das Schiff bloß; hier
hieß es, arbeite wer da kann, aber niemand
verſtand ſich, niemand befahl es. Der Wiedertäufer legte ein wenig Hand an, er war auf
dem obern Schiffs-Boden. Allein, ein to-
bender Boots-Knecht ſchlug und warf ihn auf
der Bank; zugleich fiel aber auch der Thäter
durch den heftigen Stoß des gegebenen Schla-
ges, über Kopf aus dem Schiffe, und blieb
noch zu ſeinem Glücke am Ende vom zer-
brochenen Maſt ein wenig hangen. Der
ehrliche Jacob eilete ſo fort ihm zu helfen, er
bemühete ſich ihn wieder in die Höhe zu ziehen; er verlohr aber das Gleichgewicht, er
ſtürzte hierüber ſelbſt ins Meer, und der
Boots-Knecht, ſo durch ſeine Sorgfalt gerettet wurde, ließ den ehrlichen Jacob, welchen er
nun wieder hätte retten können, ganz gelaſſen
vor ſeinen Augen umkommen. Candide eilte
hinzu, er ſieht ſeinen Wohlthäter noch einen
Augenblick hervor ragen, er wollte ſich ihm zur
Hülfe nachſtürzen, der Philoſoph hielt ihn
aber zurück, Jacob war gleich drauf ertrunken,

B 5 und

und Panglos bewieß, daß die Reede von Lissabon ausdrücklich deshalb gemacht wäre, daß der Wiedertäufer sich in selbiger ersaufen sollen. Während diesem demonstriren gieng das Schiff auseinander; alle kamen um, ausser Panglos, Candide und der unmenschliche Boots Knecht, so den tugendhaften Wiedertäufer ersaufen lassen; es schwamm dieser Bösewicht glücklich ans Ufer, wohin Panglos und Candide auf einem ergriffenen Brete gleichfalls anlangeten.

Als sie ein wenig zu ihnen selbst wieder gekommen waren; so giengen sie nach Lissabon, und hofften, da sie dem Ungewitter entkommen, mit ihrem noch habenden wenigen Gelde, auf der erlittenen Angst, ihren Hunger daselbst stillen zu können. Allein, kaum hatten sie die Stadt berühret; sie beweinten noch den Tod ihres Wohlthäters; so fühlten sie schon ein Erdbeben unter ihren Füßen. Das Meer erhob sich stürmend in dem Hafen, und zerbrach die Schiffe, so vor Anker lagen. Flammen und glüende Asche geriethen in Wirbelwinde und trafen die Strassen und öffentliche Plätze. Die Häuser stürzten ein, die Dächer fielen zu Boden, der Boden öfnete sich von einander, und mehr als dreyßig tausend Einwohner von jeglichem

## Die beste Welt.

jeglichem Range, Alter und Geschlechte, wurden unter den Ruinen verschüttet; alles schrie, alles weinte, alles heulete, oder war im seegnen oder beten begriffen, nur der Boots Knecht pfiff und schwur: Halt, hier wird es etwas zu verdienen geben! Panglos dachte hiebey auf den zureichenden Grund von diesem Phenomenon. Candide rief: Jetzt kommt der jüngste Tag! Der Boots-Knecht lief indeß schnell unter den Trümmern herum, er trotzte dem Tode und entgieng ihm; er suchte Geld zu stehlen und fand es, und er entzog sich nicht beym ersten willigen Mädgen, auf dem Schutt der eingefallenen Häuser, selbst mitten unter den Lebendigen, und Sterbenden, und Todten, am hellen Tage, für Geld, seine wilde Hitze abzukühlen. Panglos zupfte ihn zwar am Ermel, er sagte ihm, daß er wider die gesunde Vernunft handele; er stellte ihm die gegenwärtige Zeit vor, er sprach vom Todt und Leben und vom jüngsten Gerichte, aber die Antwort fiel: Es koste Kopf oder Kragen! ich bin ein Boots Knecht, ich bin in Batavia gebohren; mich soll dieser und jener, wo ich auf meinen vier Reisen nach Japan nicht schon viermal das Crucifix mit Füssen getreten; an mir findest du eben den rechten Mann mit samt
deiner

## Die beste Welt:

keiner gesunden Vernunft! Bald drauf schrie ein Frauenzimmer unter dem Schutt eines eingestürzten Pallastes: Kommt doch auch bey mir! Kommt doch auch bey mir! Du hättest dich eher melden sollen, antwortete der viehische Boots-Knecht, so hätte ich noch mein Geld spahren können, du wärest mir so lieb als jene gewesen; doch * * warte * * hier ist meine Hand, rief das Frauenzimmer; der Boots-Knecht erblickte auf dem kleinen Finger derselben einen kostbaren Juwel; ich sehe schon, war seine Antwort, so fort wollte er den Ring abziehen; weil selbiger aber feste saß, so langte er sein Messer hervor, schnitt den Finger mit dem Ringe ab, und sagte: Ich bedanke mich, und gieng seiner Wege. Candiden hatten indeß einige abgesprungene Steine verwundet, er lag ausgestreckt auf der Gasse und war fast mit Trümmern bedeckt; ich sterbe, oder verschaffen sie mir ein wenig Wein und Oel, rief er dem Panglos zu, wogegen Panglos antwortete: Dis Erdbeben ist nicht was neues, die Stadt Lima in America empfand im vorigen Jahre gleiche Stöße; gleiche Ursachen, gleiche Würkungen; es geht ganz gewiß ein Strich Schwefel unter der Erde von Lima nach Lissabon. Nichts ist glaublicher, versetzte

Can-

Candide, aber um GOttes willen, verschaffen sie mir ein wenig Oehl und Wein! Was? dis wäre nur gläublich? sagte der Philosoph, ich behaupte, es sey ein bewiesener Satz! Candide fiel hierüber in Ohnmacht, und Panglos brachte ihm endlich ein wenig Wasser aus dem benachbarten Brunnen.

Den folgenden Morgen erholten sie sich ein wenig, als sie bey Durchkriechung der Häuser etwas Speise zu sich genommen hatten; sie bemüheten sich hiernechst die dem Tode entgangene Einwohner zu trösten, und sie wurden von einigen Bürgern dergestalt bewirthet, als es die unglückliche Zeit leiden wollte. Es ist wahr, ihr Gastmahl war traurig, denn jeder benetzte sein Brodt mit Thränen; aber Panglos war gleich mit seinem Troste bey der Hand, indem er ihnen versicherte, daß die Sachen nicht anders seyn könnten; alles dis, sagte er, alles dis ist zum allerbesten. Denn, wenn das Feuerspeyen zu Lissabon ist, so kann es nicht anderwärts seyn, weil es unmöglich ist, daß eine Sache nicht an demselben Orte seyn sollte, wo sie würklich ist, denn alles ist zum allerbesten.

Ein kleiner, schwarzer Mann, ein Bedienter von der Inquisition, so neben ihm stand, fiel ihm höflich ins Wort, und sagte: Sie glauben, wie es scheint, keine Erb-Sünde; denn, wenn alles zum Besten ist, so ist weder Fall noch Strafe gewesen. Panglos antwortete noch höflicher: Ich bitte Eure Excellenz ganz gehorsamst um Verzeihung! der Fall des Menschen und der Fluch giengen nothwendig mit in die beste Welt hinein. Sie glauben also keine Freyheit, mein Herr, sagte der Inquisitionsverwandte; wogegen Panglos erwiederte: Eure Excellenz verzeihen mir, es kann die Freyheit mit der höchsten Nothwendigkeit gar wohl bestehen; denn, ganz kurz . . . . . Panglos war noch mitten in seiner Redens-Art, so gab der Inquisitions-Bediente seinem Laqueyen, welcher ihm Wein de Porto reichte, ein Zeichen mit dem Kopfe.

Das

## Das sechste Capitel.

Ein sicheres Mittel das Erdbeben zu verhindern. Candide wird öffentlich gepeitschet, und Panglos aufgehangen.

Drey Viertheil von Lissabon waren durch das Erdbeben bereits untergegangen, als die Weisen des Landes, den gänzlichen Untergang der Stadt zu vermeiden, dis sichere Mittel erfanden, dem Volke ein schönes Auto-da-fe zu veranstalten; denn die Universität zu Coimbra hatte fest gesetzet, daß ein öffentliches Religions-Gerichte von einigen an kleinen Feuer verbrannten Persohnen ein untrügliches geheimes Mittel sey, das Erdbeben zu verhindern.

Man hatte daher einen Bürger aus Biscaja gefänglich eingezogen, so überführt war, seine Gevatterin geheyrathet zu haben. Noch sassen zweene Portugiesen, so eine gebratene Henne gegessen, alleine den Speck von selbiger ausgezogen und liegen lassen. Bald nach Mittage ließ man den Doctor Panglos und seinen

seinen Schüler, Candide, binden; den ersten, wegen seiner Reden, und den andern, weil er mit einer Beyfalls-vollen Mine zugehöret hatte. Diese letztere wurden besonders in ungemein kühle Zimmer gebracht, worinn einem die Sonne nie zur Last fiel. Acht Tage drauf, wurde beyden das Sanbenito angelegt, und ihre Köpfe wurden mit Papier-Mützen gezieret. Die Mütze und das Arme-Sünder-Hemde von Candiden war mit umgekehrten Flammen und mit Teufels ohne Schwänze und Klauen bemahlet; aber die Teufels auf Panglos Mütze und Hemde hatten Klauen und Schwänze, auch waren die Flammen recht gezeichnet. Auf diese Art gekleidet, wurden sie auf öffentlicher Gasse, in ordentlicher Begleitung, herum geführet. Dieser Procession folgte eine sehr nachdrücklich gehaltene Rede, und dieser eine trefliche, verstimmte, brummende Musick; zugleich wurde hiebey gesungen, und tactmäßig wurde Candide beym Gesange gepeitschet. Der Biscajer und die beyde Männer, so den Speck nicht essen wollen, wurden verbrannt, und Panglos wurde wider die gewöhnliche Rechten aufgehangen. Denselben Tag erbebte die Erde aufs neue mit einem ganz abscheulichen Geprassel.

Can-

Candide voll Entsetzen, ganz bestürzt, ganz ausser sich, am ganzen Leibe blutig und zitternd, sagte zu ihm selber: Wenn dis die allerbeste von allen möglichen Welten ist, wie mögen die andern aussehen! Ich ließe es noch gelten, daß ich gepeitscht worden, wurde ich doch bey den Bulgaren auch gepeitscht. Aber, allerliebster Panglos, du größter Philosoph! weßhalb mußte ich dich aufhengen sehen, ohne zu wissen, warum? Weßhalb muste der beste Mensch, mein werthester Wiedertäufer im Hafen ertrinken? Und o die Perle der Mädgens! weßhalb mußte denn der schönen Fräulein Cunegonde der Bauch aufgeschlitzet werden?

Candide kehrte von diesen Gedanken zurück; er konnte sich noch kaum in der Höhe halten; er war geprediget, gepeitscht, geseegnet und freygesprochen worden, als eben ein altes Weib zu ihm kam und sagte: Faßt Herz, mein Sohn, folget mir nach.

## Das siebente Capitel.

**Die Sorge eines alten Weibes für Candiden; er bekommt seine liebste Cunegonde wieder zu sehen.**

Candide faßte zwar kein Herz, er folgte aber gleichwohl der Alten in ein ganz verfallenes Gebäude; sie gab ihm eine Büchse Pomade, sich zu schmieren; sie brachte ihm zu essen und zu trinken, und wieß ihm ein kleines reinliches Bette an, wobey ein vollkommener Anzug hingeleget war; sie wünschte ihm eine gesegnete Mahlzeit und angenehme Ruh, und fügte hinzu: Ich empfehle sie der heiligen Jungfrau von Atocha, dem heiligen Antonius von Padua, und dem heiligen Jacob von Compostell; Morgen werde ich wieder kommen.

Candide, welchen alles, so wohl was er gesehen, als was er selbst erlitten, und besonders diese liebreiche Hülfe, in Verwunderung setzte, wollte der Alten die Hand küssen, allein sie zog ihre Hand schnell zurück und sagte: Nicht meine Hand ist es, so sie küssen sollen, ich komme

## Die beste Welt.

Morgen wieder, reiben sie sich nur fein mit der Pomade; ich wünsche nochmals wohl zu essen und wohl zu schlafen. Er aß und trank und schlief, trotz den erlittnen Unglücks-Fällen.

Den folgenden Morgen brachte die Alte zu frühstücken; sie besahe seinen Rücken und schmierete ihn selbst mit einer andern Pomade. Gegen Mittag brachte sie ihm zu essen, und gegen Abend kam sie gleichfalls wieder, und besorgete den Tisch. Den dritten Morgen wiederfuhr ihm von der Alten gleiche Höflichkeit. Candide frug stets, wer sie wäre, wer ihr so viel Güte eingeflößt, und wie er im Stande sey, sich dankbar zu erzeigen. Allein, die gute Alte antwortete ihm hierauf nie; sie kam auch den dritten Abend, sie brachte aber dismal nichts zu essen, sondern sagte: Kommen sie mit mir, sie müssen aber ganz stille seyn. Sie faßte ihn hierauf unter den Arm, sie gieng wohl eine Viertel-Stunde mit ihm über Feld, und führete ihn endlich in ein abgelegenes, mit Gärten und mit Canälen umgebenes Haus. Hier klopfte die Alte an eine kleine Thüre, gleich wurde aufgemacht. Sie brachte Candiden über eine heimliche Treppe in ein vergoldetes Cabinet; hier ließ sie ihn auf ein Ca-

napee

napee van Brockard niederſetzen, ſie machte die
Thüre hinter ſich zu, und gieng fort.

Candide glaubte, Erſcheinungen zu haben.
Er betrachtete ſein ganzes Leben als einen unglücklichen Traum, und den gegenwärtigen
Augenblick als einen angenehmen. Die Alte
erſchien bald wieder; ſie führete mit Mühe
eine zitternde Dame, ihr Wuchs war majeſtä-
tiſch, ſie blitzte von Juwelen, und ihr Geſichte
hatte ſie mit einer Kappe behangen. Nehmen
ſie den Schleyer weg, ſagte die Alte zu Candiden; der junge Menſch hob ihn mit furchtſa-
mer Hand in die Höhe, aber . . welch
ein Anblick! welche Beſtürzung! er glaubte
Cunegonden zu ſehen, und er ſahe ſie würklich,
ſie war es ſelbſt. Allein, für Ohnmacht konte
er nicht ein einziges Wort hervor bringen, alles
was er that, war dieſes: Er fiel zu ihren
Füſſen, und Cunegonde auf das Canapee.
Die Alte beſprengete beyde mit ſtarken Waſ-
ſern; ihre Empfindungen kamen wieder, ſie
fingen an zu ſprechen; ihre erſten Unterredun-
gen ſind nur halbe Worte. Drauf kommen
Fragen und Antworten von beyden Seiten;
gleich folgen Seufzer und Thränen, und dieſe
werden endlich ein Geſchrey. Die Alte geht
ab.

ab, läßt beyde in Freyheit und empfiehlt ihnen, weniger Lerm zu machen.

So sind sie es denn selbst? sagt Candide, sie leben würklich noch, und ich muß sie in Portugall wieder finden? Sie sind also nicht genothzüchtiget, und es ist also falsch, daß man ihnen den Bauch aufgeschlitzet, wie mich, der Philosoph Pangloß versichern wollen. Es ist allerdings wahr, versetzte die schöne Cunegonde, man stirbt ja nicht stets von diesen beyden Zufällen. Aber, ihr Vater und Mutter, sind die ums Leben gebracht? Dis ist, leider, mehr als zu gewiß, antwortete Cunegonde weinend; und ihr Bruder? Auch mein Bruder ist ermordet. Weshalb sind sie aber in Portugall? Wie haben sie erfahren, daß ich hier sey, und durch welche wunderbare Begebenheit haben sie mich in dis Haus bringen lassen? Ich werde ihnen dieses alles sagen, erwiederte die Dame, zuvor aber belehren sie mich von allem, so ihnen begegnet ist, seitdem sie den unschuldigen Kuß von mir empfangen, und die Stöße vor den Hintern erhalten haben.

Candide gehorchte in tiefer Ehrfurcht, er war zwar noch ganz bestürzt, seine Stimme war schwach und zitternd, sein Rückgrad schmerz-

schmerzte ihn auch noch; gleichwohl erzehlte er ihr auf die lebhafteste Art, was ihm nur seit dem Augenblick ihrer Trennung zugestossen. Cunegonde schlug hierüber die Augen gen Himmel; sie schenkte dem Tode des ehrlichen Wiedertäufers einige Thränen; sie beseufzete des Panglos Schicksal; endlich belachte sie seine Anwerbung. Sie fing hierauf ihre Erzehlung an, und Candide, so sie stets mit unverwandten Augen ansahe, ließ von ihrer ganzen Geschichte nicht eine einzige Sylbe auf die Erde fallen.

---

## Das achte Capitel.

### Die Geschichte der Cunegonde, nebst einem neuförmigen Mieths- und Pacht-Contract.

Ich war in meinem Bette und lag im tiefen Schlafe, als der Himmel die Bulgaren in unser schönes Schloß Thunder-ten-tronckh schickte; sie erwürgten meinen Vater und Bruder, und meine Mutter hieben sie in Stücken, ich fiel bey diesem Anblick in Ohnmacht. Ein grosser 6 füßiger

ger Bulgare machte sich meiner Schwachheit zu Nutze, und fing an, mich zu schänden. Hierdurch wurde ich munter, ich kam wieder zu mir selber, ich schrie, ich schlug um mich, ich biß und kratzte, und ich wollte so gar den grossen Bulgaren die Augen ausreissen, denn ich wußte damals nicht, daß die ganze Vorfallenheit in meines Vaters Schlosse eine sehr gewöhnliche Sache wäre; allein, hierüber gab mir der Wüterich einen heftigen Messer-Stoß in die linke Seite, wovon ich noch die Narbe habe. Ich bekomme die Narbe doch zu sehen, fiel ihr der gute Candide in die Rede? ja, ja, sie sollen sie sehen, lassen sie mich nur weiter erzehlen: Ein Bulgarischer Capitain trat hierauf in mein Zimmer, der Soldat blieb aber in seiner vorigen Lage; den Hauptmann verdroß die wenige Ehrerbietung des Burschen, und er erstach ihn auf meinem Leibe, er ließ mich hiernechst verbinden, und führete mich als eine Krieges-Gefangene nach seinem Quartier. Ich mußte ihm die paar Hemden waschen, so er hatte. Ich kochte für ihn, und die Warheit zu gestehen, er fand mich sehr angenehm, wobey ich bekennen muß, daß auch er sehr wohl gewachsen war; er hatte eine weiße zarte Haut, hingegen wenig Witz, und

C 4     noch)

noch weniger Philosophie; man konte gleich sehen, daß der Doctor Panglos sein Hofmeister nie gewesen war. Nach drey Monathen hatte er sein gantzes Geld verspielt; er war meiner satt geworden, und verkaufte mich an einen Juden, Nahmens Don Issaschar, welcher in Holland und Portugall Handlung trieb, und die Weibes-Leute hefftig liebte. Dieser Jude war mir ungemein zugethan, aber er konnte doch nicht triumphiren, ich habe mich ihm mehr wiedersetzet, als dem Bulgarischen Soldaten. Eine Persohn, die Ehre im Leibe hat, kann wohl einmal genothzüchtiget werden, aber ihre Tugend wird nur dadurch desto grösser.

Der Jude brachte mich in dieses Hauß, um mich, nach seiner Art, recht zahm zu machen. Bis hieher hatte ich geglaubt, es sey kein besser Schloß in der Welt als Thunder-ten-tronckh. Hier aber wurde ich aus meinem alten Irrthum, zu meinem Vergnügen, bald heraus gerissen. Eines Tages sahe mich der oberste geistliche Richter, der Groß-Inquisitor, in der Messe, er wurf mir viele verliebte Blicke zu; und ließ mir sagen: Er hätte mich geheimer Sachen halber, nöthig zu sprechen. Ich wurde

wurde nach seinem Pallast geführet; ich sagte ihm, wer ich wäre, und er stellte mir dagegen vor, daß es meiner hohen Geburth höchst unanständig sey, einem Israeliten zuzugehören. Er ließ disfalls dem Don Issaschar antragen, mich an ihn abzutreten. Allein, Don Issaschar war Hof-Wechsler; er stand in grossem Ansehen, und wollte sich schlechterdings in diesen Antrag nicht einlassen. Drauf drohete ihm der Inquisitor mit einem Religions-Proceß. Hiedurch gerieth mein Jude schnell in Furcht, und schloß einen Vergleich, vermöge dessen, die Haus und ich, ihnen beyden gemeinschaftlich wären, doch dergestalt, daß der Montag, Mittewoch und Sabbath, ganz allein dem Juden, die übrigen Tage der Woche aber dem geistlichen Richter zugehören sollten. Dieser Vertrag besteht jetzt seit sechs Monathen, es ist indeß nicht ohne Streit abgelaufen; denn öfters waren sie uneins, ob die Nacht vom Sonnabend zum Sonntag, nach dem alten Testamente, oder nach dem neuen Gesetze gerechnet werden müsse. Ich habe indessen stets allen beyden recht derben Wiederstand gethan, und dies ist, wie ich glaube, die einzige wahre Ursache, daß alle beyde mich, bis jetzt, stets herzlich lieb behalten haben.

C 5 Um

Um nun die Plage des hiesigen Erdbebens ferner abzuwenden, oder vielmehr um meinen Juden in steter Furcht zu erhalten; so gefiel es dem Herrn Groß-Inquisitor ein Auto-da-fe anzustellen, er erwieß mir die Ehre, mich dazu einladen zu lassen. Ich bekam einen schönen Platz, und während der Messe, und der Vollstreckung des Urtheils, wurden denen Dames allerhand Erfrischungen gereicht. Mich überfiel ein heftiger Schauer, als ich die beyde Juden und den guten Biscajer verbrennen sahe, so seine Gevatterin geheyrathet hatte. Wie groß war aber nicht meine Bestürzung, mein Schrecken und meine Angst, als ich im armen Sünder-Hemde, und unter eben solcher Mütze eine Figur gewahr wurde, so vollkommen dem Panglos ähnlich sahe. Ich glaubte, ich irrete mich, ich rieb mir die Augen, ich gab ganz genau Achtung, aber es war würklich Panglos, er wurde aufgehangen. Ich fiel in Ohnmacht, und kaum kam ich wieder zu mir selber, so wurde ich sie mit blossen Leibe gewahr. Nun war mein Entsetzen, meine Bestürzung, mein Schmerz, und meine Verzweifelung vollkommen. Ich muß aber auch zugleich mit Warheit sagen: Ihre Haut, Candide, ist ungleich weisser und schöner roth, als

das

## Die beste Welt. 43

das Fell von meinem Bulgarischen Hauptmann. Dieser Anblick von ihnen, verdoppelte meine vielfältige schmerzhafte nagende Empfindungen, ich schrie, ich wollte rufen: Haltet ein, ihr Barbaren; aber meine Stimme blieb stocken, und es konnte ihnen auch nichts helfen. Als sie aber ihre Hiebe weg hatten, so dachte ich bey mir selber: Wie ist es doch in der Welt möglich, daß der liebenswürdige Candide und der kluge Panglos nach Lissabon kommen müssen, der eine, um sich hundert Hiebe geben zu lassen, und der andere, um aufgehangen zu werden, und dieses alles noch dazu auf Veranstaltung von meinem Liebhaber von dem obersten geistlichen Richter. Gewiß, Panglos hat mich gewaltig betrogen, als er mich lehrete: Alles geht in der Welt zum allerbesten.

Ich glaubte, ich müßte in dieser Gemüthsbekümmerniß und bey diesem Schrecken für Ohnmacht sterben. Mein Kopf war ganz voll von der Ermordung meines Vaters, meiner Mutter, und meines Bruders; die selbst empfundene Unverschämtheit des Bulgarischen Soldaten; der von ihm erhaltene Messerstoß; meine Gefangenschaft; meine erlittene

Dienst-

Dienstbarkeit, als Köchin bey dem Bulgarischen Hauptmann; mein garstiger Don Issaschar; mein verwünschter Inquisitor; die Galgen-Strafe des Doctor Panglos; die wiedrige Musick, bey welcher sie gepeitschet wurden, und besonders der letzte Kuß, den ich ihnen vor unsrer Trennung hinter dem Schirm gab. Alles dieses, liebster Candide, war mir mit einst vor Augen; doch dankte ich dem Himmel, daß sie gleichwohl nach so vielen ausgestandenen Versuchungen, wieder mir zugeführet worden. Ich befahl sofort meiner Alten, für sie bestens Sorge zu tragen, und sie, sobald als möglich, zu mir zu bringen. Dies hat sie sehr gut ausgerichtet. Ich habe das unbeschreibliche Vergnügen genossen, sie wieder zu sehen, sie zu hören und zu sprechen. Aber es ist schon späth, wir wollen geschwinde essen; sie müssen gewaltigen Hunger haben, wenn ich von mir auf ihnen schließen darf, denn ich habe ganz ungemeinen Appetit.

Drauf setzten sie sich zu Tische; nach Essen verfügten sich beyde auf das schon gedachte schöne Canapee, und hierauf waren sie noch, als der eine Herr vom Hause, als Don Issaschar ins Zimmer trat. Es war Sonnabend,

er

er kam seine Rechte zu beobachten und seine zärtliche Liebe darzulegen.

## Das neunte Capitel.

Candide ersticht einen Juden und den obersten geistlichen Richter in Lissabon, und nimmt die Flucht mit Cunegonden und dem alten Weibe.

Dieser Issaschar war der jachzornigste Hebräer, den man nach der Babylonischen Gefangenschaft nur je sehen mögen. Zum Henker, Galiläische Petze! sagte er, hast du noch nicht genug an mir und dem Inquisitor? Ich habe so nur drey Tage, soll dieser nichtswürdige Kerl etwan auch noch mit mir zur Helfte gehen? Sofort zog er seinen langen Dolch, den er stets bey sich führete, er fiel mit selbigem auf Candiden loß, er glaubte nicht, daß sein Wiederparth gleichfalls mit Waffen versehen wäre; allein, Candide hatte mit dem ganzen Anzuge zugleich einen schönen Degen von der Alten empfangen, und mit diesem stieß er den Israeliten, troß seines sonst so sanften Gemüthsmuths-Charakters, auf der Stelle, zu den Füssen seiner Schönen, über den Haufen.

Ach, heilige Jungfrau! schrie Cunigonde, was wollen wir nun anfangen? Wenn die Gerichte kommen und finden einen ertödteten Menschen bey mir, so sind wir verlohren. Wäre nur Panglos nicht aufgehangen, versetzte Candide, so würde er uns gewiß in dieser grossen Verlegenheit einen guten Rath geben, denn er war in der That ein starker Philosoph. Nun aber dächte ich, daß wir uns bey der alten Mutter Raths erholten. Dies alte Weib war gewiß vernünftig, und sie fing schon an, ihre Meinung zu sagen, als sich wieder von ohngefehr eine andere kleine Thüre öfnete. Es hatte eben 1 Uhr zur Mitternacht geschlagen. Der Sonntag gieng also an; dieser Tag gehörte dem Herrn Groß-Inquisitor, und er war es auch, der zur kleinen Thüre und zum grossen Schrecken unverhoft ins Zimmer trat. Das buhlerische Feuer, so ihm aus den Augen leuchtete, vermischte sich schnell mit Wuth, er gedachte zu gleicher Zeit seine Grösse, seinen erlittenen Schimpf und die grausamste Rache, er sah den gestäupten Candiden mit dem blossen Degen in der Hand, Cunegonden voller Schrecken,

Schrecken, einen noch blutenden Todten auf der Erde, und die Alte im Begriff, Rath zu geben. Diese verschiedene Gegenstände und Empfindungen machten ihn ganz unbeweglich zum Entschluß. Candide hingegen machte seinen Plan ungleich schneller; er dachte, der Inquisitor hat mich schon ohne Ursache so unbarmherzig zerpeitschen lassen. Lasse ich ihm nun Zeit zu sich selbst zu kommen, so läßt er, da ich jetzt sein Neben-Buhler bin, so wohl mich als Cunegonden ganz gewiß verbrennen. Ich habe überdem schon den Juden umgebracht, hier ist also nicht lange zu besinnen. So schnell und richtig als er gedacht, so schnell und richtig stieß er auch den Inquisitor nieder und warf ihn dem Juden zur Seite. Schon wieder ein frischer! sagte Cunegonde, nun ist es um uns gethan, nun kommen wir gewiß in den Bann, und können unserm Tode entgegen sehen. Sie sind sonst so sanftmüthig und haben gleichwohl in drey Minuten einen Juden und einen Prälaten umgebracht! Wundern sie sich darüber nicht, antwortete Candide, denn wenn man verliebt und eifersüchtig, und von der Inquisition unschuldiger Weise so zerpeitscht ist als wie ich, so fällt alle Sanftmuth weg, so ist man seiner nicht mehr mächtig.

Hierauf

Hierauf fing die Alte an zu reden, und sagte: Es sind drey Andalusische Pferde, auch Sattel und Zeug im Stalle, ich dächte, der brave Candide machte solche hurtig zurechte. Madame haben Mayadors und Diamanten, und damit setzen wir uns auf, und reiseten nach Cadix. Ich kann zwar nur auf einen Hinter-Backen sitzen, aber ich verlasse sie gleichwohl nicht, wir haben überdem das schönste Wetter, und es ist gar ungemein angenehm, des Nachts bey kühler Luft zu reisen.

Gleich sattelte Candide die drey Pferde; Cunegonde, die Alte und er, ritten 15 Meilen in einem Strich. Unter der Zeit, kam die heilige Hermandad in dem verlassenen Hause, man begrub den Herrn Inquisitor in einer schönen Kirche. Der Jude aber wurde in die Schind-Grube geworfen. Candide, Cunegonde und die Alte waren indessen schon in der kleinen Stadt Avacena, mitten zwischen den Gebürgen von Sierra Morena eingetroffen, und hielten folgende Unterredung.

## Das zehnte Capitel.

Candide wird Capitain, und geht mit seiner Cunegonde und dem alten Weibe zu Schiffe.

Wer muß mir doch in aller Welt meine Pistolen und Diamanten gestohlen haben, sagte Cunegonde weinend! was wollen wir nun anfangen! wo finden wir nun wieder solche gute neue Inquisitors und Juden, die uns andre geben! Ich muthmasse auf den Barfüsser Mönch, war die Antwort der Alten; ich meyne den, welcher gestern mit uns in dem Wirthshause zu Badajos im Quartier lag; GOtt vergebe es mir, wenn ich ihm Unrecht thue! Allein, er kam zweymal in unsre Cammer, und reisete auch lange vor uns weg, das kam mir gleich sehr verdächtig vor. Ey nun! sagte Candide, der gute Panglos hat mir oft bewiesen, daß die Güther dieser Erden allen Menschen gemeinschaftlich zugehören. Nach diesem Grundsatze hat uns doch der Barfüsser Mönch wenigstens so viel lassen müssen, als

D wir

wir zu unsrer Reise gebrauchen. Haben Sie denn gar nichts übrig behalten, schöne Cunegonde? Nicht einen Maraveis habe ich mehr, antwortete Cunegonde. O was machen wir nun, seufzete Candide! Laßt uns ein Pferd verkaufen, erwiederte die Alte, ich kann mich zwar nur auf einem Hinter-Backen halten, aber das thut ihm nichts, ich will mich hinter der Fräulein Cunegonde aufsetzen, und so kommen wir doch nach Cadix.

Ein Benedictiner Prior war mit ihnen im Wirthshause, dieser kaufte das eine Pferd um einen guten Preiß; drauf reiseten Candide und Cunegonde mit der Alten über Lucena Chillas und Lebrixa, und trafen glücklich zu Cadix ein. Hier wurde eben eine Flotte ausgerüstet, man zog Truppen zusammen, um die Ehrwürdige Herren Jesuiter zu Paraguai in Ordnung zu bringen, wovon sich eine ganze Parthey zusammen rottirt, und bey der Stadt vom Heiligen Sacrament, wider den König von Portugall und Spanien rebelliret haben sollten. Candide, so unter den Bulgaren gedienet, machte seine Aufwartung bey dem commandirenden General von dieser kleinen
Armee,

## Die beste Welt.

Armée, und er wieß selbigem die Bulgarische Waffen-Uebungen mit solcher Geschicklichkeit und Fertigkeit, und so schnell und mit solchen Anstand, daß ihm der Herr General sofort eine Compagnie zu Fuß anvertrauete, welche er zu Buenos-Aires übernehmen sollte. Nun setzte sich der neue Herr Hauptmann, nebst Cunegonden, der Alten und zwey Bedienten zu Schiffe, und nahm die beyde Andalusische Pferde mit, so dem Groß-Inquisitor von Portugall gehöret hatten.

Während ihrer Reise, sprach Candide von der vorhabenden neuen Einrichtung seiner Compagnie. Und Cunegonde bath ihn alle Augenblicke, sich bey keiner einzigen Bataille, oder Scharmützel, denen Kugeln auszusetzen, damit nicht er und sie zugleich unglücklich würden. Nach diesem ersten Gespräche unterhielten sie sich mit der Philosophie des armen Panglos. Nun kommen wir in eine andere Welt, sagte Candide, ohnfehlbar ist es in selbiger, worinn alles zum Besten ist; denn in der unserigen hat man wahrhaftig wohl Ursache, ein wenig zu seufzen, man mag die Natur oder die Moral betrachten. Cunegonde zweifelte an dem bessern Zustand der neuen Welt, sie sagte:

Wenn

Wenn ich ihnen beypflichte, so geschieht es nicht aus innerer Hoffnung, sondern aus Liebe zu ihnen. Gewiß, ich liebe sie von Herzen, werthester Candide; aber um des Himmels willen, lassen sie sich nicht bleßiren, oder gar todt schießen! Ich kann ihnen nicht sagen, was mir ahndet, aber mir ahndet nichts gutes, und ich bin auch überdem von allen, was ich gesehen und erfahren, noch durch und durch erschrocken. Candide tröstete sie, es wird schon alles noch recht gut gehen. Sehen sie wohl, das Meer in dieser Welt ist schon besser als in unserm Europa; es ist ungleich stiller; die Winde sind auch beständiger, und es ist gewiß diese neue Welt, so von allen möglichen Welten die beste ist. GOtt gebe es! antwortete Cunegonde, nur davor hüten sie sich, daß sie nicht bleßirt, oder todt geschossen werden. Ich kann mich gar nicht beruhigen, denn ich bin in unserer Welt so gewaltig unglücklich gewesen, daß mein Herz für alle Hoffnung fast gänzlich verschlossen ist. Sie haben wohl rechte Ursache, sich zu beklagen, versetzte die Alte, sie haben wahrhaftig noch lange nicht so grosse Unglücks-Fälle in der Welt erfahren, als wie ich! Hiebey konnte sich Cunegonde des Lachens kaum enthalten, sie fand es sehr scherz-
haft,

haft, daß die Alte sich mit ihr verglich, und behaupten wollte, mehr unglücklich zu seyn, als wie sie. Sie sagte deßhalb: Wofern ihr nicht von zwey Bulgaren genothzüchtiget seyd; wofern ihr nicht zwey Messer-Stösse im Bauche erhalten; wofern man euch nicht zwey Schlösser verwüstet hat; wofern man euch nicht zweymal gefangen genommen; wofern man nicht zwey Väter, zwey Mütter, und zwey eurer Brüder vor euren Augen erwürget; wofern ihr nicht zwey Liebhabers im Auto-da-fe. habt streichen sehen; und wenn nicht zwey eurer Lehrmeister und zwar die größten Philosophen von der Welt vor eurem Angesichte aufgehangen sind; und wann ihr nicht einen doppelt so starken Diebstahl als ich am Gelde und Juwelen erlitten; so möchte ich wohl wissen, wie ihr unglücklicher seyn könnet, als wie ich! überdem bedenkt, daß ich eine Baroneßin von 72 Ahnen bin, und gleichwohl ein Küchen-Mensch habe abgeben müssen.

Sie wissen meine Abkunft nicht, gnädige Fräulein, antwortete die Alte, denn wenn ich ihnen nur meinen Hintern wiese, so würden sie gewiß ganz anders reden und urtheilen; diese Antwort machte Cunegonden und Candiden noch neugieriger, und die Alte erzehlte ihren Lebenslauf.

## Das eilfte Capitel.

### Der Lebens-Lauf des alten Weibes, eine sehr trostreiche Geschichte in allen möglichen Unglücksfällen.

Glauben sie nicht von mir, daß meine Augen stets getriefet und roth gewesen; meine Nase hat nicht von je her bis an mein Kinn gereichet, und ich bin auch nicht von Jugend auf Dienstbothe gewesen; ich bin die Tochter vom Pabst Urbano dem Zehnten, und meine Mutter ist die Prinzeßin Palestrina. Ich wurde bis in mein 14tes Jahr in einem Pallaste erzogen, bey welchem alle Schlösser der deutschen Baronen, sich nicht einmal zu Pferde-Ställen geschickt hätten; und eines von meinen Kleidern war gewiß zehnmal mehr werth, als aller Staat in ganz Westphalen. So wuchs ich an Schönheit, Annehmlichkeit und Verstande unter dem schönsten Hoffen und größten Verehrungen; ich mochte hinsehen, wohin ich wollte,

wollte, so wurde ich nichts gewahr, als lauter Ehrfurcht, lauter Lust, und lauter Vergnügen. Schon zu der Zeit flößte ich Liebe ein, schon damals fieng mein Busen an, sich zu heben, und welch ein Busen war das! Ich wollte, daß sie ihn noch sehen könnten; weiß, fest, und von solchem Schnitt war er, recht wie der Busen der Venus von Medecis; meine Augenlieder und meine Augenbraunen waren schwarz, wie meine Augen selbst, und Strahlen warfen sie, alle Dichter in meinem Viertheil haben es bekräftiget; Strahlen warfen sie, wogegen das Funkeln der Sterne für nichts zu achten, sogar die Cammer-Frauens, welche mich aus und ankleideten, fielen in Entzückung, sie mochten mich vor oder rückwärts ansehen, und alle Menschen wären herzlich gerne an ihrer Stelle gewesen.

Der regierende Fürst von Massa Carara wurde mit mir verlobt; dies war ein Prinz so schön wie ich, durch und durch gefällig, angenehm, von lebhaftem Verstande und ungemein verliebt; ich liebte ihn gleichfalls, wie man im Anfange liebt, ich liebte ihn mit Innbrunst, ich betete ihn fast an. Unsre Hochzeit wurde angeordnet, dies war ein fast unerhörter Staat und Aufwand! dies waren lauter Köstbarkeiten, Carouzells und Opera Buffa, und ganz Italien machte mir zu Ehren Sonnetts, wovon nicht ein einziges mittelmäßig war.

So eben sollte mein Glück anfangen, als eine alte Marquisin meinen Bräutigam auf eine Chocolade zu sich bitten ließ, er nahm die Einladung an, sie hatte vordem seine Liebste abgegeben; kurz, er ließ sich zu ihr hintragen, und in weniger als zwey Stunden gab mein Prinz, unter den gewaltigsten Gliederzuckungen, bey ihr, seinen Geist auf; aber das ist nur eine Kleinigkeit.

Meine Mutter, so voller Verzweifelung und ein gut Theil weniger betrübt war, als ich, wollte sich auf einige Zeit von diesem unglückseligen Ort entfernen. Sie hatte ein schönes Guth bey Gajette; wir setzten uns auf eine Galee, die so schön vergoldet war, als irgend ein Altar in der Petri Kirche zu Rom. Ehe wir es uns aber versahen, so erblickten wir einen See-Räuber von Salee, er stieß auf uns zu; unsere Soldaten wehreten sich brav, wie sich päbstliche Soldaten wehren; sie fielen insgesamt auf die Knie, sie warfen ihre Gewehre weg,

weg, und bathen den See-Räuber um Vergebung der Sünden in der letzten Todes-Stunde.

So fort zog man sie ganz nackend aus, wie die Affen, meine Mutter auch, unsre Hof-Damens auch, unsre Kammer-Frauens auch, und mich auch. Es ist ganz ungemein, mit was für Hurtigkeit diese Herren das auskleiden verstehen. Was mich aber am allermeisten wunderte, war dieses: Sie stachen uns insgesamt einen Finger in den Ort, wo wir Weibes-Leute uns sonst nichts als eine Clystier-Sprütze einstechen lassen. Dieser Gebrauch befremdete mich ungemein. Aber, so geht es, wenn man nicht weiter als in seinem Vaterlande gewesen ist. Ich erfuhr bald die Ursache; sie untersuchten, ob wir nicht etwan einige Diamanten verstochen hätten. Es ist dies eine, seit undenklichen Jahren, eingeführte Gewohnheit unter allen auf der See herum schwärmenden gesitteten Völkern. Und ich habe so gar gehöret, daß selbst unsre Ordens-Brüder, die Maltheser-Ritter, es gleichfalls niemals vergessen, wenn sie Türken oder Türkinnen gefangen bekommen. Es ist dies ein Gesetz vom Völker-Rechte, welches man noch niemals versäumet hat.

Ich will ihnen nicht erzehlen, wie hart es einer jungen Prinzeßin fallen muß, als Sclavin mit ihrer Mutter nach Marocco geführt zu werden. Sie begreifen auch leicht, was wir alles in dem Schiffe der Corsaren auszuhalten hatten. Meine Mutter war noch sehr schöne; unsre Hof-Damen und unsere Kammer-Frauen besassen mehr Reitz, als in gantz Africa anzutreffen war. Was mich anbetrifft, ich war entzückend, ich war die Schönheit und Annehmlichkeit selbst, und Jungfer war ich auch noch, aber ich blieb es nicht lange. Diese Blume, so dem Prinzen von Massa Carara verwahrt gehalten, wurde mir von dem Corsaren Hauptmann bald abgebrochen; er war ein abscheulicher Schwarzer, und er bildete sich noch dazu ein, mir dadurch recht sehr viele Ehre erwiesen zu haben. Gewiß, es war nöthig, daß die Frau Prinzeßin von Palestrina und ich, recht stammhaft waren, um allem, was uns bis nach Marocco vorstieß, gehörig entgegen zu streben. Was ist indeß davon zu machen, dies sind so gewöhnliche Dinge, daß es nicht einmal werth ist, davon zu reden.

Ganz Marocco schwamm in Blut, als wir ankamen. Funfzig Söhne des Käysers
Muley

## Die beste Welt.

Muley Ismael, hatten jeder ihre besondere Parthey, welches funfzig innerliche Kriege verursachte. Da sah man Mohren gegen Mohren; schwarze gegen schwarzbraune; wiederum schwarzbraune gegen schwarzbraune, und halbschlechtige gegen halbschlechtige schwarze, im ganzen Reiche war ein immerwährendes Metzeln.

Wir wären kaum aus dem Schiffe gestiegen, so zeigte sich schon eine feindliche schwarze Parthey, unsern Corsaren ihre Beute zu nehmen. Nach dem Golde und Diamanten waren wir das kostbareste, so er hatte. Und ich habe mit meinen Augen eine Schlacht angesehen, als ihnen in keinen Europäischen Gegenden jemals zu Gesichte kommt. Das Blut der nordischen Völker ist nicht genug erhitzt, sie haben nicht die Wuth der Weiber in dem Grad, wie durchgängig in Africa. Es scheint, als wäre nur Milch in den Adern der Europäer; hingegen fliesset in den Adern der Leute, so um den Berg Atlas und dessen Nachbarschaft wohnen, lauter Vitriol, lauter Feuer. Wie Löwen, wie Tyger, und wie Schlangen fuhren sie auf einander loß, um uns zu haben, oder zu behalten. Meine Mutter wurde von einem

Mohren beym rechten Arm ergriffen. Der Lieutenant von meinem Hauptmann faßte sie hingegen beym linken Arm; gleich ergriff sie ein andrer Schwarzer bey einer Lende, wogegen wieder ein Soldat von unserm Schiffe sie bey der andern Lende an sich hielt; auf die Art wurden fast im Augenblicke alle unsre Weibes-Leute von vier Soldaten gerissen; mich aber hielt der Hauptmann hinter sich verborgen, er hatte den Säbel in der Faust, und machte alles nieder, was sich seiner Wuth nur widersetzte. Kurz, ich sahe alle unsere Italiänerinnen und meine Mutter zerrissen, zerhauen, und durch die Ungeheuer, so sich um ihnen stritten, elendiglich umgebracht. Endlich kam auch die Reihe an meine Mitgefangenen, wie auch an die, so sie gefangen hatten. Die Soldaten wie die Boots-Knechte, die schwarzen wie die weißen, die schwarzbraune wie die halbschwarzen, sogar mein Capitain, alles wurde niedergemacht, und ich blieb für todt auf einem Haufen Todten liegen. Solche Auftritte gab es damals, wie man weiß, in einem Bezirke von mehr als drey hundert Meilen; die fünftägliche Gebethe aber, so Mahomet angeordnet, wurden hieben im ganzen Lande täglich richtig gebetet.

Mit

Mit vieler Mühe machte ich mich endlich von den vielen aufgehäuften blutenden todten Cörpern fort; nicht weit davon floß ein Bach, und ich besaß noch kaum so viel Kräfte, mich am Ufer desselben unter einem Pomeranzen-Baume hinzubringen. Hier fiel ich aber auch für Entsetzen, Müdigkeit, Grauen, Verzweifelung, und Kummer und Hunger gleich zur Erden. Meine entkräftete Sinne überliessen sich bald darauf dem Schlafe, welchen man aber vielmehr Ohnmacht als Ruhe nennen konnte. Wie ich in diesem Zustande zwischen Todt und Leben, und Ohnmacht, und Unempfindlichkeit lag, so fühlte ich mit einst, daß mich etwas druckte, und auf meinem Leibe wirthschaftete. Ich öfnete die Augen und sahe einen Weißen auf mir liegen, welchem es ganz wohl ließ. Er seufzete und flisterte zwischen den Zähnen: O che sciagura d'effere senza coglioni!

## Das zwölfte Capitel.

Fortsetzung der Geschichte des alten Weibes. Die Belagerung von Azof. Ein mitleidiger Feld-Prediger, seine gehaltene Rede ist wie ein Muster eines rührenden Vortrags.

Voll von Verwunderung und Freude, meine Muttersprache zu hören, und nicht weniger bestürzt über den Innhalt seiner Worte tröstete ich ihn, daß es ein noch weit härter Unglück gäbe, als worüber er sich beklage; ich sagte ihm mit kurzen Worten, was ich schon alles in der Welt ausgestanden; und ich fiel hierüber aufs neue ohnmächtig auf den Rücken, ich kam endlich durch seine Bemühung wieder zu mir selber, er brachte mich in ein nah gelegenes Haus, er ließ mich zu Bette bringen, er sorgte, daß ich zu essen bekam, er wartete mir auf, er tröstete mich, er schmeichelte mir ungemein, und versicherte, daß er nie eine schönere Person als mich, gesehen, und daß er seinen unwiederherstellbaren Verlust nie so sehr bedauert,

dauert, als seit dem er das Glück gehabt, mich kennen zu lernen. Ich bin zu Neapolis gebohren, sagte er, man verschneidet daselbst alle Jahr zwey bis drey tausend Kinder, einige sterben davon, einige erhalten dadurch eine mehr als weiblich zarte Stimme, und einige davon werden zu Staats-Bedienungen gebraucht. Mein Schnitt lief sehr gut ab, und ich wurde ein Musikus in der Kapelle der Frau Prinzeßin von Palestrina.

Wie! rief ich, bey meiner Mutter! bey ihrer Mutter! rief er mir weinend nach, ist es möglich! sind sie die junge Prinzeßin, bey welcher ich bis in ihr 6tes Jahr die Aufwartung gehabt habe, und die schon damals so grosse Schönheit blicken ließ, als sie jetzt würklich besitzen? Ja, ich bin es würklich, antwortete ich ihm, und wenn er meine Mutter sehen will, die kann er etwan vier hundert Schritte von hier, unter einem Haufen Todte antreffen, da liegt sie in vier Stücken zerrissen.

Ich erzehlte ihm hierauf, was mir alles begegnet, und ich hörete auch hinwiederum seine Geschichte. Er vertrauete mir auch unter andern, daß er von einem gewissen christlichen Monarchen, an den König von Marone abgesandt

gesandt gewesen, um mit selbigem einen Tractat zu schließen, laut dessen er die Handlung der übrigen Christen, gegen Lieferung von Pulver, Canonen und Schiffen ausrotten sollte. Meine Gesandschaft ist gemacht, sagte dieser gute Verschnittene, ich will mich zu Ceuta zu Schiffe setzen, und bin bereit, sie nach Italien wieder zurück zu führen, ma cho sciagura d'essere senza coglioni!

Ich dankte ihm unter Vergiessung mitleidiger Thränen, und nahm seine Anerbietung willig an, anstatt aber, daß er mich nach Italien zurück führen sollte, so brachte er mich nach Algier und verkaufte mich an den Dey der Provinz. Kaum war ich verkauft, so war auch daselbst die Pest völlig ausgebrochen, die zuvor in Africa, Asien und Europa herum gegangen. Sie haben nun zwar ein Erdbeben gesehen, Mademoiselle, aber haben sie auch schon die Pest gehabt? Nein, die habe ich noch nie gehabt, antwortete die Baroneßin.

Das will ganz was anders sagen als ein Erdbeben, wenn sie die Pest gehabt hätten. In Africa ist sie ganz gemein, und ich wurde gleichfalls davon überfallen. Nun stellen sie sich einmal vor, wie einer Tochter vom Pabste, wie

wie einer Prinzeßin, einem Mädgen von 15
Jahren zu Muthe seyn muß, die in Zeit von
drey Monathen ihren verlobten Prinzen durch
Gift verlohren, arm und Sclavin geworden,
und fast alle Tage Nothzüchtigung erlitten,
die ihre Mutter in vier Stücke zerreissen sehen,
die Hunger und Krieg ausgehalten, und die in
Gefahr stand, an der Pest zu sterben; nun
starb ich zwar nicht davon, indessen gieng
gleichwohl fast das ganze Serrail von Algier
drauf, mit samt meinem Dey, und mit samt
meinem Verschnittenen. Doch, wie leicht
hätte ich mich nicht fassen wollen, wenn mein
Unglück nicht durch schmerzhaftere Umstände
wäre vermehret worden.

Als die erste Verwüstung dieser erstaunenden Pest vorüber war, so wurden die Sclaven
des verstorbenen Dey insgesamt verkauft.
Mich handelte ein Kaufmann und brachte
mich nach Tunis; bald erhandelte mich ein
andrer Kaufmann und brachte mich nach Tripoli, von Tripoli wurde ich nach Alexandrien
verkauft; von Alexandrien nach Smirna, von
Smirna nach Constantinopel; endlich kam ich
an einen Janissaren Aga, und dieser wurde
bald beordert, Azof zu entsetzen, so damals von
denen Russen belagert wurde.

E Mein

Mein Aga war ein sehr galanter Herr, er nahm sein ganzes Serrail mit, er logirte uns in einer kleinen Schanze am Palus Meotides, und ließ uns durch zwey verschnittene Schwarze und zwanzig Soldaten bewachen. Gewaltig viel Russen blieben da, aber sie vergalten es uns bald wieder. Azof gerieth in Blut und Feuer, kein Geschlecht, noch Stand, noch Alter wurde geschont; nur unsre Schanze war noch übrig, und diese wollte der Feind aushungern. Unsere zwanzig Janissaren thaten aber einen Eyd, daß sie sich schlechterdings nicht ergeben wollten. Die Hungers-Noth wuchs indeß in kurzem dergestalt bey uns, daß die Janissaren, um ihren Eyd nicht zu brechen, sich endlich genöthiget sahen, die zwey Verschnittene zu tödten und zu fressen, und nach einigen Tagen sollte die Reihe uns Weiber treffen.

Wir hatten zu unserm grossen Glück einen sehr frommen und gar mitleidigen Iman bey uns, dieser hielt für unser Leben denen Janissaren eine zwar sehr kurze, aber ungemein bündige Rede: Tödtet die Weiber nicht, sagte er zu ihnen, ich lasse hingegen gelten, daß ihr einer jeden, einen Hinter-Backen ausschneidet,

ihr

Ihr habt auf die Art gewiß eine schöne Mahlzeit, und wenn es nöthig ist, so könnt ihr euren Tisch in einigen Tagen mit diesen Speisen wieder aufs frische versehen, und sodann könnt ihr auch zuversichtlich hoffen, daß der Himmel dieser Barmherzigkeit halber, euch gewiß beystehen, und unsere Schanze an unsere Feinde nicht übergehen lassen werde. Der Iman drung mit seiner Beredsamkeit durch, man ließ uns das Leben, dagegen wurde der entsetzliche Schnitt vorgenommen; man lösete einer jeden von uns, nach dem mitleidigen Vorschlage des Geistlichen, würklich einen Hinter-Backen ab. Der Iman, so die Lage aller Körper-Theile wohl inne hatte, legte selbst mit Hand an; er verband uns hienechst auch selbst mit solchem Balsam, womit die Kinder nach der Beschneidung bestrichen werden. Unser Fleisch wurde nach der Waag-Schaale zu gleichen Theilen ausgegeben. Wir Weibs-Leute empfingen doppelte Portionen, der Hunger lehrete uns unser eigen Fleisch mit Appetit zu fressen, aber in kurzen waren wir für Schmerzen fast des Todes.

Kaum war diese Mahlzeit verzehret, so kamen die Russen auf flachen Fahr-Zeugen an unsere Schanze; schnell bemächtigten sie sich derselben, und alle unsere Janissaren mußten über die Klinge springen. Unsere erbärmliche Umstände zogen die Russen in gar keine Betrachtung, sie giengen mit uns um, als wenn wir zur Lust das Bette hüteten. Wie man aber aller Orten französische Wund Aerzte antrifft, so war auch einer bey ihnen; dieser besorgete uns, und wir wurden insgesamt geheilet. Ich werde des Menschen in meinem Leben nicht vergessen. Denn, als meine Wunden wieder gut geschlossen waren, so that er mir einen Antrag und sagte: Dies sey so Krieges Manier. Er tröstete uns endlich insgesamt, und versicherte, daß bey vielen Belagerungen schon eher dergleichen vorgefallen wäre.

Als meine Kammeradinnen wieder gehen konnten, so mußten sie nach Moskau. Ich wurde einem Bojaren zu Theil, der machte mich zu seiner Gärtnerin, und gab mir alle Tage zwanzig Hiebe mit der Peitsche. Nach zwey Jahren aber wurde mein Herr, nebst noch 30 andern Bojaren, wegen einiger am Hofe entstandenen Unruhen, gerädert. Diesen Zeit Punct machte ich mir zu Nuße, und lief davon. Ich strich ganz Rüßland durch, ich
war

# Die beste Welt.

war lange Zeit Dienst-Magd in einem Wirths-Hause zu Riga. Drauf gieng ich nach Rostock, ich kam nach Wißmar, von da nach Leipzig, von Leipzig nach Cassel, von Cassel nach Utrecht, von Utrecht nach Leyden, von Leyden nach dem Haag, vom Haag nach Rotterdam, und so habe ich mich im Elende und Schmach mit einem halben Hintern fast durch die halbe Welt herum schleppen müssen. Wohl hundert mal habe ich mir vorgenommen gehabt, mich zu tödten, wenn ich bey meinem Unglück daran gedachte, daß ich eines Pabstes Tochter wäre, und gleichwohl hatte ich noch stets mein Leben zu lieb. Diese lächerliche Schwachheit ist vielleicht eine von unsern unglücklichsten Neigungen. Denn, kann man wohl was thörichters denken, als eine Last beständig auf dem Rücken zu behalten, die man alle Augenblick willens ist, auf die Erde zu werfen? Ist wohl was thörichters auf der Welt, als einen Abscheu für sich selbst zu haben, und gleichwohl seine Fortdauer zu unterhalten? Es ist eben so, als wenn ich eine Schlange, die mich sticht, so lange im Busen futtere, bis sie mir das Herz abgefressen. Ich bin indessen nicht allein so thöricht; in allen Ländern, so ich durchstrichen, und in allen

Wirths-

## Die beste Welt.

Wirths-Häusern, worin ich gedienet, habe ich viele Menschen gesehen, die ihr Daseyn verwünschet; nur achte aber habe ich gekannt, so ihrem Elende selbst ein Ende gemacht, dies waren drey Mohren, vier Engeländer, und ein deutscher Professor, Namens Robeck.

Mein letzter Dienst war bey dem Juden Don Issaschar, er kam vor zwey Jahren nach Rotterdam, sie kennen sein Naturell, dies gab Gelegenheit, daß ihm in dem Gasthofe, worinn ich dienete, seine Gold-Börse von mehr als 1000 Stück Ducaten, nebst zwey vor den Spanischen Hofe bestellten kostbaren Juwelen, von einem Mädgen entwandt wurde, die er denselben Abend geküsset und ganz reichlich beschenket hatte. Ich sollte die Helerin dieses Diebstahls abgeben; mich verdroß dies schändliche Ansinnen, ich gab also dem Don Issaschar Nachricht von seinem verlohrenen Schatze, er erhielt das Seinige richtig wieder; zur Vergeltung meiner Treue, nahm er mich mit nach Portugall und versprach mir, Zeit Lebens guten Unterhalt zu geben; bald kamen sie in seinem Hause und sie werden mir gewiß beypflichten, daß ich ihrenthalben stets ungleich mehr als um mich selbst besorgt gewesen. Dies

ist

ist ganz kurz mein Lebenslauf, und mein Schickſal iſt um ſo härter, da ich das Ende meiner Noth, nur erſt mit dem Ende meines Lebens erreichen werde, denn bey Verluſt meines Kopfes darf ich mich in den Landen meines verſtorbenen Vaters nicht einmal ſehen laſſen. Der Nachfolger auf dem päbſtlichen Stuhle war ein geſchworener Feind meiner Mutter und des Fürſtlichen Hauſes Maſſa Carara; alle mein Vermögen iſt daher nicht nur eingezogen, ſondern es iſt auch die Strafe des Bannes darauf geſetzt, wer nur meiner in Geſellſchaft erwehnen würde, und viele Gelehrte und Geſchicht-Schreiber ſind theils aus Schmeicheley, theils auf Befehl, und theils für gute Bezahlung gar ſo weit gegangen, daß ſie nicht nur meinen ſeeligen Herrn Vater aus der Liſte der Päbſte heraus gelaſſen, ſondern auch gar in öffentlichen gedruckten Werken behauptet haben, wie weder meine Mutter, noch ich, jemals in der Welt geweſen wären.

Urtheilen ſie nun ſelbſt, wer das mehreſte von uns beyden erlitten, und gleichwohl hätte ich nicht ein einziges Wort davon erwehnen würden, wenn ſie nicht gar zu übermäßig über ihre Umſtände geklaget, und wann es nicht zu

Schiffs der Gebrauch wäre, die Gesellschaft
mit dergleichen Erzehlungen zu unterhalten;
Glauben sie mir, Mademoiselle, ich habe Erfahrung, ich kenne die Welt; machen sie sich
die Lust und lassen von allen Mitreisenden ihre
Geschichte erzehlen, ich wette, sie werden gewiß
hören: Jeder Mensch hält sich für den Unglücklichsten. Und treffen sie einen an, so anders denkt; so bin ich zufrieden, daß sie mich
dagegen sofort über Hals und Kopf ins Meer
werfen lassen.

---

## Das dreyzehente Capitel.

Candidens Ankunft zu Buenos-
Aires. Ein Gouverneur, so, wie man
mehrere findet. Candide muß seine Cunegonde mit samt seiner Compagnie
plötzlich verlassen. Gründlicher Beweiß,
daß eine verstellte Tugend und 72 Ahnen ohne Geld zu nichts helfen.

Da die schöne Cunegonde die Geschichte des
alten Weibes gehöret, so erzeigete sie ihr alle
Höflich-

Höflichkeiten, welche ihrem hohen Range und Verdiensten gebührten; sie nahm den Vorschlag an, sich von der ganzen Reise-Gesellschaft ihren Lebenslauf erzehlen zu lassen, und sowohl Candide als Cunegonde mußten gestehen, daß die Alte Recht hatte. Nur Schada, sagte Candide, daß der kluge Panglos wider den Landes-Gebrauch beym Auto-da-fe hat müssen aufgehängen werden, der hätte uns jetzt gewiß noch trefliche Sachen über dem moralischen und physikalischen Uebel zu Wasser und zu Lande vorsagen würden, und ich hätte mich sicher erdreistet, ihm ganz gehorsamst einige Einwürfe zu machen.

Ueber diesem plaudern und Erzehlungen wurde die Reise unvermerkt zurück gelegt; sie stiegen zu Buenos-Aires aus, und der Herr Hauptmann Candide gieng mit Cunegonden und der Alten zum Gouverneur, Namens Don Fernando d'Ibaraa, Figueora Mascarenes Lampourdos von Suza, dieser Herr besaß einen mit seinem langen Namen vollkommen übereinstimmenden Hochmuth; zu allen Leuten sprach er mit der grössesten Verachtung; er trug die Nase zu allen Zeiten hoch; er brüllete, statt zu reden; sein Ton war stets gebieterisch, und

E 5 kurz,

kurz, er gieng so weit in seinem Stolz, daß alle, so zu ihm kamen, in Versuchung geriethen, ihn zu prügeln.

Die Weibs-Leute liebte er gewaltig, und er glaubte, noch kein schöner Frauenzimmer in der Welt gesehen zu haben, als Cunegonden. Seine erste Erkundigung war: Ob sie des Capitains Frau wäre? Und diese Frage brachte er auf solche Art vor, daß Cunegonde ganz stumm blieb, und Candide in die größte Bestürzung gesetzt wurde. Man kann sich seine Verwirrung leicht vorstellen, er getrauete sich nicht zu sagen, daß sie seine Frau wäre, denn sie war es würklich nicht; er wollte auch nicht sagen, daß sie seine Schwester wäre, denn dies war sie eben so wenig. Es hätte ihm zwar diese höfliche Lüge sehr zu statten kommen können, aber seine Seele war viel zu edel, als daß er vermögend gewesen wäre, von der Warheit abzuweichen; er sagte also: Die Fräulein Cunegonde wird mir die Ehre erweisen, mich zu heyrathen, und wir ersuchen Ew. Excellenz die Gnade zu haben, unsre Hochzeit anzuordnen.

Don Fernando d'Ibaraa Figueora Mascarenes Lampourdos von Suza lachte hierüber hönisch, strich seinen Knebel-Barth und befahl
dem

dem Hauptmann, statt der Antwort, seine Compagnie zu besichtigen und zu übernehmen. Candide gehorchte, und der Gouverneur blieb bey der Fräulein Cunegonde; er eröfnete ihr seine Leidenschaft und bath nur befehlen, so wolle er sich ihr Morgen öffentlich antrauen lassen, oder sie sonst heyrathen, wie es ihr belieben würde. Cunegonde, welche Candiden herzlich liebte, bath um eine Viertel-Stunde Bedenk-Zeit, die Alte um Rath zu fragen, und sich zu entschliessen.

Die Alte sagte zu Cunegonden: Es ist wahr, Mademoiselle, sie haben 72 Ahnen, aber es ist auch, leider, zugleich wahr, daß sie keinen einzigen Pfenning Geld haben. Da es nun anjetzt lediglich von ihnen abhängt, die Gemahlin des vornehmsten Knebel-Barths vom occidentalischen America zu werden; so sehe ich nicht ab, was sie in einer fernern Treue für Ruhm suchen wollen. Nach unsern Umständen richten sich unsre Rechte. Von den Bulgaren sind sie längst genothzüchtiget; den Unterschied zwischen einem Juden und einem Inquisitor, wissen sie auch schon. Wäre ich nun bey diesen Umständen in ihrer Stelle, so würde ich gar kein Bedenken tragen, den

Herrn

Herrn Gouverneur zu heyrathen, und zugleich dabey das Glück, von dem Herrn Hauptmann, Candide zu machen. Während der Zeit, daß die Alte, mit aller ihren Jahren anständigen Klugheit und Erfahrung, Rath ertheilte, und Candide seine neue Compagnie und die Meß-Rolle derselben nach sahe, so lief ein kleines Schiff in Hafen, auf selbigem befanden sich ein Spanischer Richter mit zwey Gerichts-Dienern.

Die Alte erfuhr bald, was diese drey Persohnen wollten. Sie hatte recht gerathen, daß der Barfüsser-Mönch mit den grossen Ermeln, in dem Wirths-Hause zu Badajos das Geld, und die Diamanten der Cunegonde gestohlen. Der Mönch hatte einige Steine an einen Juwelirer verkaufen wollen; dieser kannte die Juwelen des Groß Inquisitors, und ließ ihn anhalten, und der Mönch gestand kurz zuvor, ehe er gehenket wurde, daß er sie gestohlen hätte; er beschrieb zugleich die Persohnen, denen er sie genommen; er sagte, was sie für einen Weg gereiset wären; er beschrieb überdem ihre bey sich gehabte Andalusische Pferde. Die Flucht von Cunegonden und Candiden, war überdem schon bekannt; man schickte also

ohne

ohne Zeit-Verlust, ihnen ein Schiff nach, und dies war das Schiff, so eben im Hafen zu Buenos-Aires so vieles Auffsehen gemacht; der Alcade mit den beyden Schergen verfolgeten den Mörder des Groß-Inquisitors.

Was war hiebey zu thun? Die Alte übersah sofort die ganze Sache. Sie können nicht die Flucht nehmen und haben es auch gar nicht nöthig, sagte sie zu Cunegonden, fürchten sie sich für nichts, denn sie haben den Herrn Inquisitor nicht über den Haufen gestossen, und der Herr Gouverneur, so sie zärtlich liebt, wird überdem nicht zugeben, daß ihnen etwas widriges begegne, bleiben sie also fein geruhig, aber dem Herrn Hauptmann muß ich andern Rath ertheilen. Kaum hatte die Alte dies gesagt, so floh sie auch zu Candiden: Nehmen sie in der Geschwindigkeit die Flucht, der Mörder des Groß-Inquisitors wird augesucht, oder sie gerathen längstens binnen einer Stunde in Gefahr, verbrannt zu werden. Candide hatte keinen Augenblick zu verliehren; aber, wie war es möglich, sich von Cunegonden zu trennen, und wo sollte er hin?

Das

## Das vierzehente Capitel.

Candide und Cacambo reisen nach Paraguai; Beschreibung der dortigen Staats-Verfassung; der Bruder der schönen Cunegonde ist daselbst Oberster, auch Commendant. Candide und der Herr Commendant freuen und lieben sich herzlich.

Candide hatte von Cadix einen Bedienten mitgenommen, deren man viele auf den Küsten von Spanien antrift; er war ein Viertheil vom Spanier, in Tucuman von einer Indianerin gebohren; er war erst Chor-Knabe, dann Küster, bald darauf Bootsmann; hiernechst ein Mönch, vom Mönch wurde er Factor, endlich ein Soldat, und zuletzt ein Laquay; er hieß Cacambo, er liebte seinen Herrn, weil sein Herr sehr gut war, er sattelte schnell die beyde Andalusische Pferde und sagte: Lassen sie uns dem Rath der Alten folgen, lassen sie uns reisen und fliehen, ohne uns umzusehen. Candide weinete, er rief: O liebste Cunegonde,

muß

muß ich sie nun verlassen, da eben der Herr Gouverneur unsre Hochzeit besorgen wollte! Ach, Cunegonde, habe ich sie deshalb so weit herführen müssen! wie untröstbar werden sie nun nicht seyn! wie wird es ihnen nun ergehen! ach, Cunegonde, Cunegonde! Cunegonde mein Herz, mein Herz! Lassen sie es ihr ergehen, wie es will, sagte Cacambo, die Frauenzimmer sind niemals sehr verlegen, der Himmel wird schon sorgen; machen sie nur, daß wir fort kommen. Aber, wo willst du mich hin bringen, Cacambo? Welchen Weg wollen wir denn nehmen, und was sollen wir ohne Cunegonden anfangen? Beym St. Jacob von Compostel! sagte Cacambo, sie wollten ja erst die Jesuiten bekriegen, lassen sie uns nun zu denen Jesuiten übergehen, ihnen beyzustehen; ich weiß jeden Steig und Weg, ich will sie in ihr Königreich führen, und ich bin ihnen gut dafür, daß sich diese Herren recht freuen werden, einen Capitain zu bekommen, der die Bulgarische Kriegesdienste versteht, sie werden sicher daselbst ein gewaltiges Glück machen, denn, wenn es einem in der einen Welt nicht nach Wunsch gehet, so muß man es in der andern versuchen. Es ist überdem ein grosses Vergnügen bey der Abwechselung; bald be-

kom-

## Die beste Welt.

kommet man, was neues zu sehen, bals bekommt man was neues zu unternehmen, folgen sie nur meinem Rathe.

Du bist also in Paraguai bekannt? sagte Kandide. Allerdings, antwortete sein Bedienter, ich bin daselbst in die Schule gegangen, und ich kenne die dortige Regierung der Ehrwürdigen Herren so gut, als wie die Strassen zu Cadix. Das Königreich hält über 300 Meilen im Durchschnitte, und ist in 30 Provinzen eingetheilt. Die Los Padres, (wie man diese Herren daselbst nennet) haben alles, und das Volk hat kaum das liebe Leben. Diese Einrichtung ist ein rechtes Meisterstück der Staatskunst und Gerechtigkeit. Ich kenne nichts göttlichers, als die Los Padres, hier betriegen sie den König von Portugall und Spanien, und in Europa hören sie ihre Beichte; hier schiessen sie die Spanier todt und in Madrit beten sie dieselben in Himmel. Es ist eine gar allerliebste Einrichtung, glauben sie mir, sie werden daselbst der glücklichste Herr werden. O, wie werden sich die Los Padres freuen, wenn sie hören, daß ein Capitain zu ihnen stößt, der die Bulgarische Kriegsdienste verstehet!

Hierü-

## Die beste Welt.

Hierüber kam Candide mit seinen Bedienten auf die Gränze, Cacambo sagte zu der Vorpost, daß sein Herr, der Capitain, den Herren Commendanten sprechen wollte; gleich wurde es nach der Hauptwache gemeldet, von da lief sofort ein Paraguaischer Anmelder zum Herrn Commendanten, ihm die Nachricht zu bringen. Bald wurde Candide und Cacambo entwafnet, die beyde Andalusischen Pferde wurden ihnen abgenommen; drauf wurden sie zwischen zwey Reihen Soldaten eingeführet, der Commendant war am Ende derselben, er hatte seine Pfaffen Mütze auf dem Kopfe, den Rock aufgeschlagen, den Degen an der Seite, und das Esponton in der Hand; er gab ein Zeichen, gleich schlossen sich vier Soldaten um Candiden und seinen Bedienten, und ein Unter Officier sagte ihnen: Sie müßten warten, der Herr Commendant käme sie nicht zu sprechen, denn Ihro Hochwürden, der Herr Pater Provincial erlaubte nicht, daß ein Spanier vor jemand anders als vor Ihro Hochwürden allein sprechen dürfte, auch dürfte sich kein Spanier über drey Stunden im Lande aufhalten. Wo sind denn Ihro Hochwürden, der Herr Pater Provincial? frug Cacambo, und der Unter-Officier antwortete; Ihro Hoch-

F                würden

würden haben eben Messe gelesen, und sind anjetzt auf der Parade, und sie werden schwerlich vor drey Stunden die Gnade genießen, die Spornen von Jhro Hochwürden küssen zu können. Aber, versetzte Cacambo, der Herr Hauptmann, mein Herr, ist kein Spanier, der Herr Hauptmann ist ein Deutscher, und sowohl mein Herr als ich, möchten für Hunger umfallen, könnten wir nicht bis zur Ankunft von Jhro Hochwürden ein wenig zu frühstücken bekommen?

Der Unter-Officier hinterbrachte so fort dem Commendanten die Nachricht, daß der fremde Capitain ein Deutscher wäre. GOtt sey gelobet! sprach dieser Herr, ist er ein Deutscher, so darf ich mit ihm sprechen, bringt ihn nach meiner grünen Laube; gleich wurde Candide nach dieser Sommer-Laube gebracht, sie war sehr artig mit grün und Gold streifigen Marmor-Säulen gezieret, auch lief ein Gitterwerk herum, so Papageyen, Colibris, Fliegen-Vögel, die prächtigst gezeichnete Jndianische Reb-Hüner, und überhaupt alle Arten von Vögel in sich faßte, so der Schönheit, oder des Gesanges, oder der Seltenheit halber geschätzet werden. Bald wurde ein herrliches Frühstück in
golde-

## Die beste Welt.

goldenen Geschirren aufgetragen, die besten Weine wurden in den rahresten Flaschen aufgesetzt, und in noch ungleich kostbarern Gläsern eingeschenkt. Die Unterthanen im Lande aßen indessen unter freyen Himmel bey der empfindlichsten Sonnen-Hitze Indianisch Korn aus hölzernen Schalen, und ihr Getränke war Wasser. Der Commendant trat endlich in diese prächtige Laube, es waren Ihro Hochwürden ein sehr schöner junger Herr, völlig von Gesichte, ziemlich weiß, hoch von Farbe, er hatte trefliche Augenbraunen, lebhafte Augen, rothe Ohr-Lappen, rosenfarbene Lippen, aber dabey gewisse stolze Manieren, welche weder vom Spanier, noch vom Jesuiten geborgt waren. Candiden und Cacambo wurden ihre abgenommene Waffen wieder gegeben, sie erhielten auch ihre Andalusischen Pferde wieder zurück, und Cacambo gab den armen Thieren gleich Hafer bey der Hütte und verließ sie mit keinem Auge, damit ihnen nicht etwan ein Streich gespielet werden möchte.

Candide küßte den Saum vom Kleide des Herrn Commendanten, und hierauf setzten sie sich zu Tische. So sind sie ein Deutscher? sagte

sagte der Commendant in dieser Sprache zu ihm, und Candide antwortete, ja, Ihro Hochwürden, beyde sahen sich hierüber mit ungemeinen Erstaunen an, ihre Empfindungen übernahmen sie; der Jesuite frug noch, aus welcher Provinz der Herr Hauptmann wäre, und dieser hatte kaum geantwortet, ich bin aus dem schmutzigen Westphalen vom Schlosse Thunder-ten-tronckh gebürtig, so umarmten sich auch schon beyde, sie geriethen in voller Entzückung, die Thränen rolleten von ihren Wangen, der Commendant vermochte nichts weiter zu sagen, als, ist es möglich! ist es möglich! Und Candide rief, o Wunder! o Wunder! sind sie der Bruder der schönen Cunegonde? Ja, ja, Ihro Hochwürden! ich sehe es, sie sind es würklich! sie sind der Sohn des Herrn Barons, den die Bulgaren ermordet haben; wer hätte glauben können, daß sie Jesuite in Paraguai wären! Es ist gewiß eine wunderbare Sache um diese Welt, sie leben und ich glaubte sie wären längst todt! O Panglos! Panglos! wie würde der sich jetzt freuen, wenn er nicht aufgehangen wäre!

Gleich befahl der Commendant den Bedienten des Candide reichlich mit Eßen und

Trinken

Trinken zu verforgen, und zugleich geboth es denen Mohren Sclaven und Paraguais, so ihnen über der Tafel den Wein in Bechern von Berg-Criſtall gereicht hatten, hinaus zu gehen und ſie ganz alleine zu laſſen; drauf dankten bey dem Himmel und den heiligen Ignatius über ihre wunderbare Zuſammenführung. Ihro Hochwürden umarmeten Candiden aufs neue und Candide Ihro Höchwürden, ſie weineten und freueten ſich ununterbrochen, und der Commendant kam faſt gar auſſer ſich, als ihm Candide ſagte, daß ſeine Baroneßin Schweſter, ſo er todt glaubte, noch würklich am Leben wäre, und ſich ganz wohl befände. Wie! iſt es möglich! rief der Jeſuite, die Bulgaren haben ihr ja den Bauch aufgeſchnitten! und lebte ſie, wo iſt ſie dann? In ihrer Nachbarſchaft, fiel die Antwort, ſie iſt bey dem Gouverneur von Buenos-Aires, und was dünkt ihnen, fuhr Candide fort, wann ich nach dieſem Welt-Theile eigentlich deshalb gekommen bin, ſie, meine Herren, in Paraguai zu bekriegen! Jedes Wort ihrer langen Unterredung häufte Wunder auf Wunder, ihre ganze Seelen arbeiteten, ihre Zungen, Ohren und Augen waren ſchnell, aufmerkſam und feurig, ſie erzehlten, ſo lange ſie bey Tiſche ſaſſen, und

sie sassen fein lange, weil sie Deutsche waren,
und da der Herr Pater-Provincial noch immer ausblieb, so erzehlte der Herr Commendant, wie es ihm nach dem Tode seiner Eltern
ergangen wäre.

---

## Das funfzehnte Capitel.

Der Bruder der schönen Cunegonde
erzehlt, wie es ihm nach dem Tode seiner
Eltern ergangen. Gesalzenes Weyh=
Wasser ist zuweilen nützlich. Candide
ersticht seinen künftigen Herrn
Schwager.

Ich werde Zeit meines Lebens des grausamen Tages nicht vergessen, da ich meinen Vater und Mutter umbringen, und meine Schwester nothzüchtigen und hienechst im Blute liegen sahe. Der Feind zog nicht eher ab, bis
alles entweder todt oder ruiniret war; als die
Bulgaren endlich das wüste Schloß verlassen
hatten, so war meine anbethens-würdige
Schwester nicht zu finden; mein Vater aber
und

und meine Mutter und ich wurden mit noch zwey ermordeten Mädgens und dreyen todten Jungens auf einen Karren gelegt, um uns 2 Meilen von meines Vaters Schlosse in der Jesuiten-Kapelle zu begraben. Einer von denen Jesuiten besprengte uns mit Weyh-Wasser, dis war gewaltig salzig, mir fielen einige Tropfen davon in die Augen, der Geistliche wurde gewahr, daß sich meine Augenlieder rühreten, er griff mir nach dem Herzen, er fühlete es noch schlagen, er ließ mir zu Hülfe kommen, und in Zeit von 3 Wochen war ich wieder frisch und gesund.

Sie wissen, liebster Candide, ich war schon zu ihrer Zeit ganz hübsch und angenehm, ich wurde es nachher noch mehr, und der Ober-Pater Dieterich gewann mich ungemein lieb, er kleidete mich ein, und nicht lange darauf sandte er mich nach Rom. Damals brauchte der Pater-General neue deutsche Jesuiten, sie nehmen nicht gerne Spanische, weil sie denen Deutschen mehr trauen, und so geschahe es, daß Ihro Hochwürden, der Herr Pater General mich in diesen Weinberg bestimmten. Ich reisete ab mit noch einem Pohlen und einem Tiroler, man erwieß mir bey meiner Ankunft die Ehre, mich zum Unter-Diaconus und Lieutenant zu ernennen. Jetzt bin ich Oberster und Priester, und ich bin ihnen Bürge dafür, die Vorsicht hat sie gleichfalls zur rechten Zeit hergesandt, wir werden denen Spanischen Truppen den Kitzel schon vertreiben, wir wollen sie derbe zerprügeln und insgesamt in den Bann thun. Aber, ist es würklich an dem, daß sich meine liebe Schwester in der Nachbarschaft bey dem Gouverneur von Buenos Aires befindet? Candide betheuerte es nochmals hoch, daß nichts gewisser wäre, und beyde fingen aufs neue wieder an zu weinen.

Der Herr Baron konnte gar nicht aufhören, Candiden zu umarmen, bald nannte er ihn seinen Bruder, bald nannte er ihn seinen Erretter, ach möchten wir nur erst als Sieger in Buenos-Aires einmarschieren und meine liebste Schwester wiederholen! Das ist gleichfalls mein einziger Wunsch, sagte Candide, denn ich dachte sie zu heyrathen, und ich hoffe es noch. Was! ihr übermüthiger Mensch! versetzte der Baron, ihr seyd so unverschämt, euch zu unterstehen, meine Schwester, eine Baroneßin von 72 Ahnen heyrathen zu wollen! das finde ich sehr verwegen, mir so

etwas

etwas ins Gesichte zu sagen! Candide stutzte hierüber ungemein, er antwortete endlich: Alle Ahnen der Welt, Ihro Hochwürden, kommen hiebey nicht in Betrachtung, ich habe ihre Schwester aus den Armen eines Juden und eines Inquisitors befreyet, sie ist mir Verbindlichkeit genug schuldig, und es ist selbst ihr eigener Trieb und Wille, mich zu heyrathen; auch hat mir Panglos stets gesagt, daß alle Menschen gleich, und der herrschende so genannte Unterschied nichts als Kinderpossen wären, und sie können daher sicher glauben, ich werde sie ganz gewiß heyrathen. Das will ich einmal sehen, nichtswürdiger Kerl, sagte der Baron von Thunder-ten-tronck, und sogleich gab er auch Candiden mit der flachen Klinge einen Hieb über das Gesichte; den Augenblick zog Candide gleichfalls, er stieß seinen Degen, so lang er war, bis an das Stichblatt dem Baron durch die Ribben, er zog ihn geschwind ganz rauchend wieder zurück; allein, es war geschehen, der Baron lag, ohne sich zu rühren, todt zur Erden, und Candide weinete bitterlich; er rief, ach Himmel, wie bin ich doch so unglücklich! ich bin der gutherzigste Mensch von der Welt, und habe gleichwohl meinen alten Herrn, meinen Freund
und

sind selbst meinen Schwager umgebracht! das ist nun schon der dritte, den ich entleibe, und darunter sind zwey Priester!

Cacambo, so stets an der Hütten-Thüre aufpaßte, lief gleich herbey; hier ist kein anderer Rath, sagte sein Herr, als unser Leben theuer zu verkaufen. Siehe, da liegt schon wieder ein Pfaffe, so mir nicht Ruhe gelassen, es werden ohnfehlbar gleich Leute kommen, wir müssen uns wehren, so lange wir noch die Hände rühren können. Cacambo, der schon mehr Erfahrung besaß, blieb hieben ganz gelassen, er hing seinem Herrn geschwinde den Jesuiter-Rock um, er setzte ihm auch die vierhörnigte Mütze auf, und half ihm zu Pferde; im Augenblick hatte Cacambo dies alles besorget, drauf sprach er: Nun müssen wir hurtig galoppiren, ein jeder wird sie für einen commandirenden Jesuiten halten, auf die Art erreichen wir sicher die Grenze, ehe sich noch jemand nach uns umsiehet; indem er dieses sagte, so floh Cacambo auch schon zu Pferde, und rief auf Spanisch: Platz! Platz! für Ihro Hochwürden, den Herrn Obersten!

## Das sechszehnte Capitel.

Candide und Cacambo kommen zu den wilden Oreillons, Candide erschießt daselbst zwey verliebte Affen und geräth darüber in Lebens-Gefahr.

Candide war mit seinem Bedienten schon würklich über die Grenze, ehe noch jemand im Lager das gehabte Unglück des deutschen Jesuiten erfahren hatte. Der sorgfältige Cacambo hatte sein Fell-Eisen mit Brodt und Chocolade, und Obst und Schinken gefüllet, er hatte auch einige Maaß Wein mit genommen, und so reiseten sie immer tiefer, ohne Steig und Weg im unbekannten Lande. Endlich entdeckten sie eine schöne mit Wasser durchschnittene Wiese, auf selbiger ließen sie ihre Pferde grasen; Cacambo fing an zu essen und frug seinen Herrn, ob er nicht gleichfalls Lust zu speisen hätte? Wie kanst du doch so wunderlich fragen und mir zumuthen, antwortete Candide, daß ich Schinken fressen soll, da ich den Sohn des alten Herrn Barons umgebracht und

und alle Hoffnung verlohren habe, die schöne Cunegonde in meinem Leben jemals wieder zu sehen! was kann es mir helfen, meine unglückliche Tage zu verlängern, wenn ich selbige, von Cunegonden entfernet, in Reue und Verzweifelung zubringen soll! Und, mein Himmel! was wird nicht das gelehrte Wochenblatt zu Trevoux davon schreiben!

Während diesen Reden reichte ihm Cacambo ein Stück rohen Schinken; und Candide aß ganz getrost. Die Sonne gieng mitlerweile unter, und unsere zwey verirrte Reisende höreten ein Geschrey, welches sie für Weiber-Stimmen hielten; nun konnten sie zwar den Grund davon nicht bestimmen; indeß, wenn man in unbekannten Landen ist, so wird man durch das geringste Geräusche aufmerksam; sie sprangen also beyde auf, und sie entdeckten bald, woher das Geschrey rührte, denn sie sahen am Rande der Wiese zwey nackende Frauenzimmer hurtig laufen, welche von zwey Affen verfolget, und zugleich in den Hinter-Backen gebissen wurden.

Candide wurde hierüber von Mitleid gerühret, er hatte bey den Bulgaren dergestalt schießen

## Die beste Welt.

sen gelernet, daß er auf ein Haar treffen
konnte, er ergriff deßhalb seine doppelte Spanische Flinte und schoß und tödtete beyde Affen. Gott sey gelobt! mein lieber Cacambo,
sagte er hierauf, die zwo arme Creaturen sind
glücklich von ihrer großen Gefahr befreyet,
habe ich nun gleich gesündiget, daß ich zuvor
einen Juden, einen Inquisitor, und einen Jesuiten umgebracht, so habe ich anjetzt dagegen
auch gleichwohl zwoen Frauenzimmern das
Leben erhalten, und wer weiß, sind es nicht
gar zwo Persohnen vom Stande, so können
wir dadurch in diesem Lande gewiß viel Vortheil erhalten.

Er wollte noch weiter reden, er verstummete
aber mit einst, als er sahe, daß die beyden
Frauenzimmer in ein gewaltiges Klaggeschrey
ausbrachen, auf die erschossene Affen zuliefen,
sie zärtlich umarmeten, und ihre Thränen häufig
auf diese Thiere fallen ließen. So viel Mitleid,
sagte endlich Candide, hätte ich mir nimmermehr vermuthet; wogegen Cacambo antwortete: Ja, ja, das ist wieder ein schönes Werk,
so sie gestiftet, ich weiß auch in der That nicht,
woran sie denken; sie wissen, wir sind in unbekannten Landen, wo wir uns einem jeden

ver-

verbindlich zu machen, suchen sollten, und stats dessen erschiessen sie die Liebhaber zwoer Mägdgens. Ich dächte gar ihre Liebhaber! Ich glaube fast, du willst mir einbilden, daß sich auch Menschen in Affen verlieben! Sie wundern sich auch über alles, liebster Herr, versetzte Cacambo, wäre denn das so was ausserordentliches, wann es in einem Lande Affen gäbe, die sich der Gunst des Frauenzimmers zu Nutze zu machen wüßten, es sind ja Viertel-Menschen, so wie ich ein Viertel vom Spanier. Du magst in der That wohl eben nicht so gar unrecht haben; mir fällt bey, daß Panglos mir einst erzehlet, wie vor alten Zeiten sich dergleichen zugetragen, es wären aus dieser Vermischung die Satyrs und Faunen, oder Wald-Teufel entstanden, welche einige grosse Personen in den verstrichenen Jahrhunderten, würklich gesehen haben, und ich habe solches zu der Zeit für bloßes Fabelwerk gehalten. Nun sind sie doch wohl gewiß davon überzeuget, erwiederte der Bediente, denn sie sehen diese Warheit mit ihren eigenen Augen. Das sind die Folgen, wenn man nicht eine gewisse Erziehung erhalten, ich fürchte nur immer, daß uns diese Damen für den, von ihnen empfangenen Liebesdienst, nicht einen heßlichen Streich spielen. Diese

Diese gründliche Gedanken bewogen Candiden die Wiese zu verlassen, und sich tiefer ins Gehölze zu begeben; er aß daselbst mit Cacambo, und nachdem sie den verzweifelten Inquisitor zu Portugall, den Gouverneur zu Buenos-Aires mit samt dem Juden, und dem Herrn Baron zu tausendmalen verwünscht hatten, so legten sie sich beyde auf dem Mooße zur Ruhe. Als sie wieder erwachten, so konnten sie sich nicht rühren, die dortige Wilden, die Oreillons, hatten sie in der Nacht mit Stricken von Baumrinden zusammen gebunden; die erwehnte beyde Damen hatten sie verrathen, an 50 ganz nackende Oreillons standen um ihnen; sie waren mit Pfeilen, auch steinernen Aexten und Kolben versehen, einige setzten einen großen Keßel über dem Feuer, andre machten Brat-Spieße zurechte, und alle schrien: Es ist ein Jesuite! es ist ein Jesuite! nun können wir uns rächen, nun wollen wir recht schmausen, lasset uns den Jesuiten kochen! Lasset uns den Jesuiten braten!

Cacambo rief seinem traurigen Herrn zu: Habe ich es nicht zuvor gesagt, daß uns die beyde Mägdgens einen Streich spielen würden? Ach, ja! sagte Candide ganz wehmüthig,
ich

ich sehe es schon an den Kesseln und Spießen, daß sie uns kochen oder braten werden; hier könnte Panglos die wahre Natur sehen, wenn er bey uns wäre, es ist gewiß, alles ist zum Besten, indeß ist es doch gleichwohl auch was grausames, daß wir die Fräulein Cunegonde verliehren, und von den Oreillons am Brat-Spieße gestochen werden müssen; ich glaube, meine begangene Mordthaten sind hievon der zureichende Grund, weil alles in der Welt in Verbindung stehet, und daher kann es geschehen, daß du dein Leben behältst, ich aber werde das Meinige ganz gewiß verliehren, o hätte ich nur nicht den Jesuiten erstochen! Cacambo ließ sich durch nichts irre machen, er tröstete seinen betrübten Herrn, er sagte ihm, er möchte noch nicht verzagen, er verstünde ein wenig den Mischmasch ihrer Sprache, und er wollte gleich mit ihnen reden. O so vergiß nicht, sagte Candide, ihnen ihre abscheuliche Unmenschlichkeit recht lebhaft vorzustellen, und wie wenig es christlich sey, wenn sie uns kochen oder braten wollten.

Meine Herren! sagte Cacambo, sie denken doch heute einen Jesuiten zu speisen, da thun sie sehr wohl daran, es ist nichts billigers als auf

# Die beste Welt.

auf die Art mit seinen Feinden zu verfahren, das natürliche Recht bringt es nicht anders mit sich; auf dem ganzen Erdboden tödtet man seine Feinde. Bey uns ist zwar nicht eingeführt, daß wir sie auch essen, dies kommt aber lediglich daher, weil es uns sonst nicht an guten Gerüchten mangelt, da ihnen nun die Verschiedenheit der Speisen abgehet, so ist es ungleich weißlicher und besser, ja selbst in Betrachtung der Todten, vorzüglicher seine Feinde selbst zu verzehren, als diese Frucht des Sieges dem Gewürme, denen Krähen oder Raben zu überlassen. Allein, meine Herren! ihre würkliche Freunde zu essen, sind sie doch wohl nicht willens! ich weiß, sie gedenken einen Jesuiten am Brat-Spieße zu stechen, dieser Herr ist aber keiner, er ist ihr Freund, er ist ein Feind ihrer Feinde, und was mich betrifft, ich bin in ihrem eigenen Lande gebohren, ich diene bey jenem Herrn, er ist nichts weniger als ein Jesuite, seine Kleidung hat nur diesen Irrthum bey ihnen verursachet, ich will ihnen sogleich den ganzen Zusammenhang erzehlen: Mein Herr hat eben einen Jesuiten umgebracht, um seine Flucht zu decken und zu befördern, hat er die Kleidung des Entleibten angezogen, sie können mir sicher glauben, lassen sie nur seinen Rock auf der ersten Grenze der Los Padres bringen, so werden sie bey der ersten Erkundigung gleich hören, daß mein Herr einen Jesuiten erstochen, sie brauchen nur kurze Zeit hiezu, sie können uns ja stets essen, wenn sie meinen Vortrag erlogen finden; habe ich aber die Warheit gesagt, so bin ich gewiß versichert meine Herren, sie kennen das Völker-Recht viel zu gut, als daß ich alsdann nach ihren Sitten und Rechten an unsrer Begnadigung zweifeln könnte.

Die Oreillons fanden diesen Vortrag sehr billig, sie beorderten auf der Stelle ein paar Vornehme, sich nach der Beschaffenheit dieser Sache zu erkundigen, die beyde Abgeordnete besorgten als ein paar geschickte Köpfe, ihre Commißion trefflich und kamen bald wieder mit guter Nachricht zurücke. Sofort banden die Oreillons ihre beyde Gefangene wieder loß, sie erwiesen ihnen alle Höflichkeit, sie bothen ihnen schöne Mägdgens an, sie gaben ihnen einige Erfrischungen und begleiteten sie endlich unter beständigen Freuden-Geschrey über die Grenze und riefen: Er ist kein Jesuite! er ist kein Jesuite!

Candide konnte sich nicht genugsam über seine Befreyung wundern, er sagte: Welch ein Volk, was für Menschen, welche Sitten sind das! Und wie unerforschlich und wunderbar ist nicht unser Schicksal und der Zusammenhang der Dinge dieser Welt! Was ich für den zureichenden Grund meiner Spießung angesehen, ist der wahre Grund meiner Befreyung, wäre ich nicht so glücklich gewesen, dem Bruder der schönen Cunegonde meinen Degen bis ans Stich=Blatt durch die Ribben zu jagen, so wäre ich ohne Barmherzigkeit gefressen worden. Die Natur ist doch bey dem allen würklich gut, denn die Leute haben doch, statt mich zu braten, mir gleich tausenderley Höflichkeiten erwiesen, sobald als sie nur wusten, ich war kein Jesuite.

## Das siebenzehnte Capit.

Candide und sein Bedienter kommen nach Eldorado. Ein Wirths-Haus, dergleichen alle Reisende wünschen, aber schwerlich einige Potentaten anlegen werden.

Auf der Grenze der Oreillons, sagte Cacambo zu seinem Herrn, diese Gegend ist nichts besser als eine andere; wenn sie mir folgen wollten, so dächte ich, wir nähmen den kürzesten Weg, und reiseten wieder nach Europa. Wie sollte ich dazu kommen? antworte Candide, und wo sollte ich mich hinwenden? Gehe ich nach meinem Vaterlande, da bringen die Bulgaren und Abaren alles um, was sich nur sehen und hören läßt. Gehe ich nach Portugall, so werde ich verbrannt. Hier stehe ich zwar auch in Gefahr, alle Augenblicke am Bratspieße gestochen zu werden; wie kann ich aber den Welt-Theil verlassen, worinn sich die Fräulein Cunegonde aufhält, und welche in der Welt sonst nichts, als nur mich allein, so zärtlich liebet?

Cacambo

Cacambo versetzte: Wenn sie nicht wissen, wo sie sicher hingehen können, so will ich es ihnen sagen: Lassen sie uns nach Cayenne gehen, sie wissen, die Franzosen durchstreichen die ganze Welt, sie sind gutherzig und höflich, wir treffen da gewiß welche an, vielleicht hilft uns der Himmel, so können wir durch dieselben weiter kommen und unser Glück machen.

Es war indeß keine so leichte Sache, nach Cayenne zu kommen, sie wusten zwar ohngefehr wohl, wohin sie sich wenden sollten, aber die vielen Berge, die Flüsse, die abscheulichen Tiefen, die Spitzbuben und die Wilden, so sie vor ihnen hatten, waren gewaltige Hindernisse. Ihre Pferde fielen schon für Mattigkeit um, ihr gehabter Vorrath war bereits auch schon verzehrt, sie behalfen sich schon einen ganzen Monath her mit wilden Früchten, und endlich fanden sie noch einen kleinen Bach mit Cocos-Bäumen besetzt, wobey sie ihr elendes Leben und schwache Hoffnung unterhielten.

Cacambo, welcher stets so guten Rath gab, als die Alte, wurde endlich der unmenschlichen Lebens-Art überdrüßig; das ist nicht länger auszuhalten, sagte er, wir sind ganz von Kräften, das verdammte herum laufen geht nicht
ferner

ferner an, ich sehe dort auf dem Flusse ein le-
diges Boot, dies lassen sie uns voll Cocos-
Nüsse füllen, uns hinein setzen und uns dem
Strohme überlassen, denn jeder Strohm führt
zum bewohnten Orte, und gesetzt, wir finden
es auch alsdann nicht besser, so finden wir
doch wenigstens wieder was neues. Candide
ließ es sich gefallen, sie übergaben sich der Vorsicht und die Reise wurde angetreten.

Sie schifften einige Meilen fort, bald fanden sie dürre, bald Blumen reiche Ufer, bald
fuhren sie gerade, bald kamen sie tief, der Fluß
wuchs stets an Breite, endlich aber verlohr er
sich unter einer Höle von erstaunenden Felsen,
so an die Wolken reichten, und unsre beyde
Reisende faßten das Herz, auch diese Höhle
durchzuschlupfen. Der Fluß zwang sich hier
in die Enge und riß sie mit entsetzlichen Geräusche schleunig fort. Nach 24 Stunden
erblickten sie wieder Tages Licht, ihr Kahn
aber scheiterte sofort gegen die Klippen, sie
mußten eine ganze Meile weit von einem
Stein Felsen zum andern klettern, und endlich
entdeckten sie eine gewaltige Reihe unersteig-
bare Berge, das Land aber, so vor ihnen lag
war sowohl angenehm als nutzbar gebauet,

keines

keines von beyden war vergessen; die Wege waren mit Wagens von ausnehmender Form und blitzenden Materie bedeckt, oder vielmehr gezieret; so fuhren hier die Männer mit den schönsten Weibern, große rothe Hammel waren vor diesen Kutschen gespannt, und diese zogen ungleich stärker und liefen ungleich schneller als irgend die besten Pferde von Andalusien, Tetuan, oder Mequinez.

Sie betraten das Land beym ersten Dorfe, so vor ihnen lag; hier ist es gleichwohl besser als in Westphalen, sagte Candide, und sofort sahen sie einige Jungens in zerrissenen brockardenen Kleidern vor dem Dorfe Trefstein spielen. Unsere beyde Herren aus der andern Welt, belustigten sich, eine ganze Weile ihnen zuzusehen, ihre Steine waren ziemlich breit, sie waren theils gelb, theils grün, theils roth, insgesamt aber von besonderen Glanze. Die neuen Zuschauer nahmen einige in die Hand und erstauneten nicht wenig, als sie sahen, daß es Gold-Stücke, Smaragden und Rubinen waren, wovon der geringste die größte Pracht des Thrones vom Mogol hätte abgeben können; sie konnten sich weder einen rechten Begriff von der Gegend, noch von den Kindern machen,

machen, bis endlich Cacambo diese spielende Jungens für die Königlichen Prinzen hielt; bald ließ sich der Dorf-Schulmeister sehen, damit sie nach der Schule kommen sollten, und Candide sagte: Da kommen Ihro Excellenz, der Ober-Hofmeister von der Königlichen Familie.

Gleich gingen die Buben von dem Spiel und liessen ihre Steine und alles liegen, was zu ihrem Spiel gehört hatte. Candide nahm alles auf, lief zum Schulmeister, überreichte es selbigem ganz gehorsamst, und gab ihm durch allerhand Zeichen zu verstehen, daß Ihro Königliche Hoheiten, die jungen Prinzen ihre Gold-Stücke und Juwelen in der Geschwindigkeit vergessen hätten. Der Dorf-Schulmeister sah Candiden mit einiger Bewunderung an, lächelte, schmiß das Zeug wieder auf die Erde, und ging seinen Weg.

Unsre Reisende versäumten nicht, das Gold, die Smaragden und Rubinen zu sich zu stechen. Ich begreife gar nicht, wo wir seyn müssen! rief Candide, das ist gewiß eine recht Königliche Erziehung in diesem Lande, da die Prinzen so frühzeitig angewiesen werden, die

Reich-

Reichthümer zu verachten! Cacambo war voll gleicher Verwunderung, und sie kamen hierüber, am ersten Hause im Dorfe; es war gebauet wie ein Pallast in Europa; eine Menge Menschen drengeten sich an die Thüre, noch mehrere waren im Hause selbst, sie höreten eine sehr angenehme Musick, und der Geruch aus der Küche war so reitzend als möglich. Cacambo ging näher zur Thüre, er hörte Peruvianisch reden, dies war seine Muttersprache, denn es ist bekannt, daß er zu Tucuman in einem Dorfe gebohren war, woselbst man von keiner andern Sprache wußte. Ich werde ihren Dollmetscher abgeben, sagte er zu Candiden, lassen sie uns in dies Haus gehen, es ist ein Wirths-Haus.

Zweene Jungens und zwo Mägdgen aus dem Hause, so in Goldstück gekleidet waren, und die Haare mit schönen Bande gebunden hatten, nöthigten sie gleich an des Wirths Tische Platz zu nehmen. Vier Potagen, jede mit zwey Papageyen, ein gekochter Schmerl von 200 Pfunden, zwey gebratene Affen von trefflichen Geschmack, eine Schüssel mit 300 Colibris, und auf der andern Seite eine Schüssel mit 600 Fliegen-Vögel, und noch andere wohlschmeckende Gerichte und

Pasteten und Kuchen wurden in Schüsseln von Berg-Cristall aufgetragen, wobey die Bursche und Mägde im Hause nicht vergaßen, verschiedene schöne Getränke von Zucker-Rohr einzuschenken.

Die Tafel bestand auſſer der Familie des Wirths aus hundert und funfzig Personen, die mehresten Gäste waren Kaufleute und Kärner, insgesamt von sehr höflichen Betragen, und alles was sie den Cacambo frugen, und alles was sie ihm antworteten, war in den bescheidensten, artigsten Ausdrückungen. Nach geendigter Mahlzeit legten Candide und Cacambo ein paar von den gefundenen Gold-Stücken auf den Tisch, und glaubten ihre Zeche nicht reichlicher als auf die Art bezahlen zu können; der Wirth und die Wirthin aber fingen so gewaltig darüber an zu lachen, daß sie die Hände in die Seite setzen mußten. Endlich erholten sich die Wirths-Leute und der Wirth sagte: Ich sehe wohl, daß sie Ausländer sind, uns sind solche Herren selten; nehmen sie doch nicht übel, daß wir so gelacht haben, es rühret daher, daß sie uns mit Feld-Steinen bezahlen wollen, sie haben vermuthlich keine hiesige Landes-Münze, sie brauchen aber auch keine, um hier zu essen und zu trinken.

ſen. Alle Wirths-Häuſer ſind zur Aufwahrung der Handlung angelegt; da nun die Handlung die größte Stütze des Staats iſt, ſo werden auch die Rechnungen der Wirths-Häuſer nicht von den Reiſenden, ſondern vom Staats bezahlet. Sie haben hier überdem nur eine ſchlechte Mahlzeit gefunden, denn dies Dorf iſt ſehr arm, wenn ſie aber weiter reiſen, ſo werden ſie ſchon beſſer, und wie es ſich gebühret, aufgenommen werden. Cacambo erzehlte ſeinem Herrn alles wieder, was ihm der Wirth geſagt hatte, und Candide wunderte ſich über alles, ſo gut, wie Cacambo, ſie konnten ſchlechterdings nicht begreifen, was es für ein Land ſeyn müßte, worin ſie gerathen wären, ſie fanden die ganze Natur daſelbſt völlig verändert. Candide ſagte endlich, ich glaube, dies iſt das Land, worinn alles zum allerbeſten iſt, denn die Warheit zu geſtehen, Panglos mochte ſagen was er wollte, ſo habe ich gleichwohl geſehen, es gieng alles ziemlich ſchlecht in dem ſchmutzigen Weſtphalen.

Das

## Das achtzehente Capitel.

Das Königreich Eldorado ein Land ohne Pfaffen, einfolglich ohne Cammer-Gericht, Advocaten, Processen und Gefängnisse. Das Hof-Ceremoniel in Eldorado. Candide und Cacambo reisen weiter und nehmen erstaunende Reichthümer mit.

Cacambo zeigte seine ganze Neubegierde, er frug tausendmal mehr, als der Wirth beantworten konnte, worüber selbiger endlich sagte: Ich bin ein sehr einfältiger Mann, ich befinde mich aber ganz wohl dabey, gefällt es ihnen mehr belehrt zu werden, so will ich ihnen einen alten Herrn kennen lernen, welcher vordem am Hofe gestanden, und welcher der gründlichste Gelehrte und zugleich der umgänglichste, angenehmste und redlichste Mann im ganzen Königreiche ist. Cacambo nahm dies Erbiethen mit vielem Vergnügen an, Candide spielte nunmehr die zweyte Persohn und begleitete seinen Bedienten, und der Wirth führte
beyde

beyde zu dem Alten. Sein Haus war nur schlecht, die Einfalt herrschte durch das ganze Gebäude, die Thüre war weiter nichts, als Silber, die Oberdecken der Zimmer und die Wand-Zierath waren nur Gold, sie waren aber mit so viel Geschmack gearbeitet, daß sie gleichwohl denen reichsten Verzierungen an Schönheit nichts nachgaben; das Vorgemach war nur bloß mit Smaragden und Rubinen überzogen; allein, dies sonst geringe Ansehen wurde durch die gute Ordnung, worinn alles angebracht war, ungemein ersetzet.

Der alte Herr empfing die beyde Fremden auf einem Sopha mit Küssen von Colibris gepolstert; er ließ ihnen einige Getränke in Diamantenen Geschirren reichen, wonechst er ihre Wißbegierde durch seine Unterredung zu befriedigen glaubte.

Ich bin ein hundert zwey und siebenzig Jahr alt, sagte er, und ich habe von meinem verstorbenen Vater, dem Königlichen Ober-Stallmeister alle die erstaunende Aufruhre zu Peru gehöret, wovon er selbst ein Augenzeuge gewesen. Dies Königreich, worinn wir sind, ist das alte Vaterland der Incas; diese Könige

nige verliessen es unweislich, um noch mehr unter ihre Bothmäßigkeit zu bringen, sie geriethen aber dadurch selbst unter die Bothmäßigkeit der Spanier.

Die Prinzen vom Geblüthe, so im Lande blieben, waren weit vorsichtiger, sie verordneten mit Genehmhaltung der Nation, daß kein Einwohner des Königreichs jemals aus selbigem reisen sollte, und diese Verfassung hat uns unsere Unschuld und unsere Glückseligkeit erhalten. Die Spanier haben zwar eine undeutliche Nachricht von unserm Lande gehabt, sie nannten es Dorado oder Eldorado, und ein Englischer Cavalier, Namens Raleig, ist sogar vor ohngefehr 100 Jahren ziemlich nahe an uns gewesen; allein, die unlandbaren Klippen und die Abgründe, so dies Königreich umgeben, haben uns noch bis hieher für der Raubbegierde der Europäischen Nation in Sicherheit gestellt, welche zu unsern Kiesel-Steinen und zu dem Koth unsrer Erde, einen so heftigen Trieb haben sollen, daß sie deshalb vermögend wären, uns bis auf den letzten Mann umzubringen.

Ihre Unterredung währete lange, sie sprachen über die Regierungs-Form, über die Sitten,

## Die beste Welt.

-ten, über das weibliche Geschlecht, den öffentlichen Schauspielen, und über die Künste, bis endlich Candide aus Liebe für die Metaphysick sich durch Cacambo erkundigen ließ, ob auch eine Religion im Lande eingeführet wäre.

Ueber diese Frage wurde der alte Herr ein wenig roth. Wie! können sie wohl daran zweifeln, halten sie uns für so undankbar? Cacambo frug ergebenst, was es denn für eine Religion sey, so in Eldorado wäre, und hiebey erröthete der Greis aufs neue; endlich sagte er: Kann es denn mehr als eine Religion geben? Ich glaube, wir haben die Religion, so die ganze Welt hat, wir bethen Gott an, von des Morgens bis zum Abend. Und beten sie nur einen Gott an? frug der Dollmetscher Cacambo auf Candidens Ordre. Zwey, drey, vier, oder mehrere Götter, denke ich, kann es wohl nicht geben; ich muß gestehen, sie, meine Herren aus der andern Welt, können gar wunderbar fragen. Candide konnte gleichwohl des Fragens noch nicht satt werden, er wollte wissen, auf was Art sie Gott bethen; und die Antwort des würdigen Greises war diese: Wir bitten Gott gar nicht, ich wüßte auch nicht, warum wir ihn bitten sollten, indem

dem er uns schon alles gegeben hat, was wir bedürfen, daher bleibt uns nur blos die Pflicht, Gott ohne Unterlaß, für die uns so gnädig geschenkte Gaben, Dank abzustatten. Bald erkundigte sich Candide nach den Priestern, er wollte gerne welche sehen. Hier fing der Alte an zu lachen und sagte: Meine Freunde, wir sind insgesamt Priester; der König, wie ein jeder Haus-Vater, bringet mit den Seinigen Gott alle Tage Lob-Gesänge, und fünf bis sechs tausend Musikanten bringen zugleich ihr Lob-Opfer auf Instrumenten. Wie? sie haben also keine Mönche, die auf den Gassen beten, die in besondern Häusern lehren, die da unter sich und mit andern streiten, die da regieren, die Partheyen machen, die die Menschen gegen einander aufhetzen, die den Männern die Mägdgens und den Mägdgens die Männer abrathen, und die alle diejenige verbrennten lassen, so nicht von ihrer Meinung sind, solche Mönche haben sie gar nicht? Wir müßten toll seyn, wenn wir dergleichen hätten oder duldeten, versetzte der Greis, und wir sind gewiß im Lande von einerley Meynung; auch kann ich ihnen aufrichtig bekennen, daß ich nicht recht verstehe, was sie mit ihren Mönchen eigentlich sagen wollen. Candide kam über

diesen

## Die beste Welt.

diesen Reden ganz ausser sich, hier herrscht ein großer Unterschied gegen die Denkungs-Art in Westphalen, und gegen dem Schlosse des Herrn Barons. Hätte mein lieber Panglos Eldorado gesehen, er hätte gewiß nicht mehr gesagt, daß Thunder-ten-tronckh das beste von allen möglichen Schlössern wäre. Warhaftig, man muß in die Welt reisen, wenn man was gründliches in der Welt erlernen will.

Nach dieser langen Unterredung befahl der liebe alte Herr eine Carosse mit 6 Hammeln zu bespannen; sie fuhr gleich vor, zwölf Bediente sprangen auf den Wagen, und so ließ der Greis seine Fremden nach Hofe bringen, er entschuldigte sich ungemein höflich, daß sein Alter ihm nicht die Ehre erlauben wollte, sie zu begleiten, sie könnten aber versichert seyn, daß der König sie gewiß zu ihrer Zufriedenheit aufnehmen würde, und sollten sie ja etwas wider ihren Beyfall gewahr werden, so sind sie viel zu galant, sagte er, als daß sie nicht solches lediglich denen aller Orten verschiedenen Landes-Gebräuchen beymessen sollten.

Candide und Cacambo stiegen in die Carosse, die 6 Hammel schienen zu fliehen, und in weni-

weniger als 4 Stunden kamen sie zum Königlichen Pallast, welcher an dem einem Ende der Residenz angeleget war. Das Portal hatte 220 Fuß in der Höhe, und 100 Fuß in der Breite. Es ist unmöglich zu beschreiben, wovon das Portal eigentlich war; soviel sahe man aber deutlich, daß die Materie, woraus es gearbeitet worden, einen erstaunenden Vorzug für die Steine und für den Sand hatte, so wir Gold und Juwelen zu nennen pflegen.

Zwanzig schöne Mägdgens von der Wache empfingen Candiden und Cacambo beym Aussteigen, diese Mägdgens führeten sie ins Bad, sie gaben beyden ein Kleid aus Colibris-Daunen gearbeitet; drauf kamen die Ministers und Hof-Cavaliers und Staats- und Zutritts-Damen unsre Fremde zu begleiten, und auf diese Art wurden sie nach dem gewöhnlichen Gebrauch durch zwey Reihen Musikanten, jede Reihe von tausend Mann, zu den Zimmern Ihro Königl. Majestät geführet.

Ohnweit dem großen Audienz-Saal erkundigte sich Cacambo bey einem Officier von der Crone nach dem Hof-Ceremoniel; er frug: ob man sich auf die Knie vor dem Thron niederlassen

## Die beste Welt.

laſſen müßte, oder ob man ſich auf den Bauch zu werfen hätte, oder ob man den Staub des Saales leckte, oder ob man die Hände auf den Kopf, oder vor den Hintern zu halten, wenn man ſeine Unterthänigkeit bezeigen wollte; und der Officier ſagte: Wir wiſſen von keinem andern Ceremoniel, als man umarmet den König und küßt ihn von beyden Seiten. Gleich fiel Candide und Cacambo dem Könige um den Hals, Ihro Majeſtät empfingen ſie ungemein leutſelig und bathen die beyde Fremden ganz freundſchaftlich, mit ihnen zu Nacht zu ſpeiſen.

Bis zur Tafel zeigte man ihnen die Stadt, die öffentlichen Gebäude waren bis in die Wolken aufgeführet, ſie fanden die Markt-Plätze mit tauſend Colonnen gezieret, hier ſahen ſie allerhand Spring-Brunnen, einige trieben gemeines Waſſer, andre wurfen Tag und Nacht Roſen-Waſſer aus, und noch andere verſprützten beſtändig die trefflichſten Getränke von Zucker-Rohr. Die Anlage dieſer Waſſerkünſte war ungemein prächtig, und ſelbſt die Steine, woraus ſie gebauet waren, dufteten den ſchönſten Geruch, gleich dem Geruch des Zimmets und der Gewürz-Nelken.

Candide bath ihm das Cammer-Gerichts, oder Parlement zu zeigen, man sagte ihm aber, daß dergleichen nicht vorhanden wäre, weil sie nichts von Processen wüßten; darauf erkundigte er sich nach den Staats-Gefängnissen, aber auch dieser Ausdruck war mit samt dem Gebrauch in Eldorado unerhört. Die Akademie der Wissenschaften freuete Candiden am meisten, und er verwunderte sich nicht wenig, als ihm die Galerie derselben, 2000 Schritte lang voll lauter physikalischen Versuchen gezeiget wurde. Sie waren den ganzen Nachmittag herum gelaufen, und hatten beynahe den tausenden Theil der Residenz gesehen, als es Zeit zur Tafel war. Sie wurden wieder wie zuvor zum Könige geführet, und Candide setzte sich zwischen Ihro Königliche Majestät und seinen Laqueyen, Cacambo, und viele Damen speiseten mit. Man kann unmöglich besser essen und schöner plaudern, als bey Ihro Majestät geplaudert und gegessen wurde. Cacambo erklährete Candiden stets des Königes witzige Einfälle, und alle behielten, der Uebersetzung ohngeachtet, ihre ganze Stärke und ihre völlige Schönheit. Hatte sich Candide zuvor über viele Sachen sehr gewundert, so gerieth er nunmehr in Entzückung.

Einen

Einen Monath lang hatten beyde sich hier aufgehalten, als Candide zum öftern sagte: Es ist wahr, lieber Cacambo, dies Land ist ein ganz Theil vorzüglicher als das Schloß, worinn ich gebohren bin, aber die Demoiselle Cunegonde ist gleichwohl nicht drein, und ich glaube fast, daß du auch was Liebes in Europa hast. Bleiben wir nun hier, so haben wir es nicht besser als die übrigen Einwohner. Aber denke, kehren wir wieder nach unserer Welt zurück, und könnten nur 12 Pack-Hammel mit hiesigen Steinen beladen mitnehmen, so wären wir ja reicher als alle Könige zusammen, wir brauchten uns inskünftige für keinem Inquisitor mehr zu fürchten, und die Baroneßin Cunegonde wäre mir alsdann auch gewiß genug.

Cacambo gefiel der Gedanke. Das Reisen führt allerdings was angenehmes bey sich, wer will sich nicht gerne bey den Seinigen hervor thun? und wer liebt nicht mit den Früchten seiner Reise Staat zu machen? Kurz, unsere beyde glückliche Reisende entschlossen sich, nicht ferner glücklich zu bleiben, sie setzten sich vor, die Lande Jhro Majestät zu verlassen, und sie nahmen würklich ihren Abschied.

Sie begehen eine große Thorheit, sagte der König zu ihnen; ich weiß wohl, daß mein Land nicht viel vorstellet, wenn man sich aber an einem Orte nur halb und halb befindet, so soll es zum sichersten seyn, daselbst zu bleiben. Ich habe nicht das Recht, denen Fremden mein Reich aufzudringen, diese Tyranney ist unsern Sitten und Gesetzen gerade zuwider, jeder Mensch ist frey; reisen sie, wann es ihnen beliebt, aber der Ausgang aus meinem Reiche wird ihnen gleichwohl sehr schwer fallen, sie können unmöglich denselben Strohm entgegen fahren, welcher sie gleichsam als ein Wunder durch die abscheuliche Felsen-Höhle mit sich in mein Land gerissen hat. Die Berge, wodurch mein Reich umfaßt wird, sind zehn tausend Fuß hoch, und sie sehen, sie sind so gerade gewachsen, als wenn sie gemauert wären, jeder dieser Berge ist wenigstens 10 Meilen breit, und an der andern Seite sind ebenfalls die jähesten Oerter, sie finden keine andere Wege als die erschröcklichsten Tiefen. Da sie aber doch schlechterdings fort wollen, so will ich dem Ober-Aufseher der physikalischen Versuche befehlen, eine Maschine zu ihrem bequemen Fortkommen anfertigen zu lassen; wann ich sie aber auf den Berg geholfen, so kann ich
ihnen

## Die beste Welt.

ihnen niemand zur fernern Reise mitgeben, denn meine sämtliche Unterthanen haben ein Gelübde gethan, ihr Land nie zu verlassen, und sie sind zu klug, selbiges zu brechen. Kann ich mich ihnen aber sonst worunter gefällig erzeigen, so haben sie gewiß alles von mir zu gewarten. Wir bitten Eure Königl. Majestät um nichts weiter, sagte Cacambo, als uns einige Hammel mit Lebensmitteln, und noch einige mit hiesigen Steinen und Kothe, allergnädigst zu bewilligen. Der König lachte, ich begreife nicht, war seine Antwort, was ihr Europäer an unserm Kothe und Feld-Steinen für einen so besondern Geschmack finden müsset, ich genehmige indeß ihr Gesuch ganz gerne, versorgen sie sich mit dem, so sie gebethen, in so großer Menge, als es ihnen selbst gefällig ist, und ich wünsche, daß sie sich recht wohl dabey befinden mögen.

Die Ingenieurs mußten mit denen Mechanicis sofort eine Maschine entwerfen, diese beyde ausserordentliche Menschen aus dem Königreiche zu winden. Drey tausend Mechanici arbeiteten daran, in 14 Tagen war sie fertig, und sie kam nach Eldoradoischem Gelde nicht höher zu stehen, als zwanzig Millionen

Pfund Sterling. Candide und Cacambo stiegen ein, zwey große rothe Reit-Hammel wurden ihnen mit Sattel und Zeug zum weitern Fortkommen über die Berge mitgegeben, überdem empfingen sie 20 Pack-Hammel mit Lebensmitteln, 30 wurden ihnen mit den rareſten Geſchenken beladen, und noch 50 erhielten sie mit Gold und Juwelen und Diamanten bepackt. Der König küſſete beyde Vagabonden nochmals zärtlich, auf die Weiſe nahm der Monarch von ihnen Abschied, und ließ die Herumläufer aus dem Lande schaffen.

Es war ein trefflicher Spectakul, dieſe Abreiſe und die künſtliche Manier anzuſehen, wie dieſe zwey Ausländer mit ihren hundert und zwey Hammeln an den Bergen in die Höhe geſchroben wurden. Die Mechanici nahmen von ihnen Abschied, als die Fremden auf das Gebürge traten, und Candidens Gedanken waren nunmehr auf weiter nichts gerichtet, als seiner schönen Cunegonde seine schöne Hammel zu überbringen. Nun können wir gewiß den Gouverneur zu Buenos-Aires befriedigen, sagte Candide, er fordere für die Fräulein Cunegonde auch noch ſo viel, wir wollen den Weg gerade nach Cayenne nehmen,

nen, da wollen wir uns einschiffen und dann
zusehen, was wir uns für ein Königreich an-
kaufen.

---

## Das neunzehente Capit.

Candide kommt mit seinem Bedienten nach Surinam, er lernt den Werth
des Zuckers kennen, er schickt seinen Bedienten nach Buenos-Aires, er verliehrt
seine größten Schätze, und nimmt aus
wichtigen Ursachen den Herrn Martin
zu seiner Reise-Gesellschaft.

Der erste Tag war für unsre beyde Reisende
ganz angenehm, sie sahen sich im Besitz grösserer Reichthümer, als ganz Europa, Asia und
Africa aufbringen konten, und Candide schrieb
an alle Bäume den Nahmen der schönen
Fräulein Cunegonde. Den andern Tag blieben schon 2 Hammel im Morast stecken und
versunken mit samt ihrer Last; 2 andre Hammel sturben einige Tage drauf für Mattigkeit,
und ihre Last mußte also liegen bleiben; noch
andere

andere stürzten nachher die Felsen hinunter; kurz, sie waren noch nicht 4 Monathe unterwegens, so hatten sie von allen ihren Hammeln nur noch zwey, und Candide sagte zu Cacambo: Siehe, so vergänglich sind die Güther dieser Erden, nichts ist dauerhaft als die Tugend und die Hoffnung, die Demoiselle Cunegonde wieder zu sehen. Ich gebe ihnen Beyfall, erwiederte Cacambo, wir haben indeß noch zwey beladene Hammel, welche gewiß die Schätze von Spanien übertreffen, und ich entdecke etwas, so ich für die Stadt Surinam halte, die den Holländern zugehöret, und sodann sind wir am Ende unsers Elendes, und am Anfange unserer Glückseligkeit.

Cacambo hatte würklich recht gesehen, sie kamen an Surinam und fanden ohnweit der Stadt einen Mohren liegen, sein ganzer Anzug bestand in ein paar blau leinewandenen Bein-Kleidern, und bey dieser Blöße fehlten dem armen Menschen noch dazu die rechte Hand und das linke Bein. Candide rief den Neger auf Holländisch und frug, weßhalb er daselbst in den erbarmungs-würdigen Umständen läge? Und der Mohr antwortete: Ich warte allhier auf meinem Herrn, den berühmten

ten Kaufmann, Herrn Vanderndendur. Hat dich denn der so elend gemacht? frug Candide weiter, und des Mohren Antwort war: Das ist hier so der Gebrauch, wir bekommen in den Zuckersiedereyen des Jahrs an Kleidung zwey Paar solche Hosen als ich anhabe, und sind wir so unglücklich, daß uns die Mühle von ohngefehr einen Finger abreißt, so hauet man uns die ganze Hand ab, und wenn wir davon laufen und man ertappt uns wieder, so verliehren wir zur Strafe das eine Bein. Nun bin ich in beyden Umständen gewesen, und das ist der Preiß, um welchen in Europa der Zucker gegessen wird, dem ohngeachtet sagte meine Mutter zu mir, als sie mich für 10 Patagen auf der Küste von Guinea verkaufte: Mein liebes Kind! danke unsern Priestern und bethe sie täglich an, sie werden dich glücklich machen, du hast von nun an die Gnade, ein Sclave unsrer Herren der Weisen zu seyn, und hiedurch machst du zugleich das Glück von deinem Vater und von deiner Mutter. Nun lasse ich, ärmster, dahin gestellt seyn, ob ich das Glück meiner Eltern gemacht habe, aber das Meinige habe ich nicht gemacht, das weiß ich gewiß, sogar die Hunde, die Affen, die Papageyen sind tausendmal glücklicher. Die Holländiländischen Priester, so mich bekehret haben, sagen uns alle Sonntage vor, daß wir Menschen insgesamt, sowohl die weißen als die schwarzen von Adam herkommen. Ich verstehe mich nun zwar nicht auf die Geschlechtskunde; allein, wenn es wahr ist, was diese Pfaffen behaupten, so sind wir insgesamt Geschwister-Kinder, und sind wir insgesamt Geschwister-Kinder, so behaupte alsdann ich, und sie werden mir gleichfals beypflichten, daß es nicht möglich sey, mit seinen Bluts-Freunden grausamer zu verfahen, als wie man mit uns umgehet.

O Panglos! Panglos! rief Candide, nun ist es vorbey! das ist dir nie in Sinn gekommen, ich werde doch noch zuletzt deinen Satz der besten Welt müssen fahren lassen! Was will das sagen, der Satz der besten Welt? frug Cacambo; dies ist die Raserey zu behaupten, daß alles zum Besten sey, wenn man sich recht einsam befindet, sagte Candide, und Candide weinete zugleich über den armen Mohr, die Thränen aber konnten dem armen Mohr nichts helfen, und weinend gieng Candide in Surinam. Kaum waren sie in Surinam, so erkundigten sie sich, ob nicht ein Schiff im Hafen

Die beste Welt.

en läge, so sie nach Buenos-Aires schicken könnten; der, den sie frugen, war eben selbst ein Spanischer Schiffs-Patron, er erboth sich mit ihnen deßfalls einen ganz köstlichen Handel zu treffen, und bestellte sie nach einem gewissen Wirths-Hause, und Candide und Cacambo giengen, nebst den beyden übrig gebliebenen Hammeln, dahin, den Spanischen Schiffs-Patron daselbst zu erwarten.

Candide, welcher stets sein ganzes Herz im Munde hatte, erzehlte diesem bald ankommenden Spanier sogleich seine sämtliche Begebenheiten, und entdeckte ihm also, daß er die Fräulein Cunegonde entführen wollte. Ich danke für die gute Nachricht, sagte der Schiffs-Herr, auf die Art wird aus unserm Handel nichts, wenn wir nach Buenos-Aires kämen, so würden wir alle beyde aufgehangen, denn die schöne Cunegonde ist die erste Maitresse des dortigen Gouverneurs. Dies war ein Donnerschlag für Candiden, er nahm wieder seine Zuflucht zum seufzen, zum weinen, und endlich zu Cacambo. Weißt du was, sagte er zu seinem Bedienten, du hast besser gelernet, dich unter die Leute zu schicken, als wie ich, wir haben jeder für 5 bis 6 Millionen Dia-

manten

manten in der Tasche, reise du nach Buenos Aires und hole die Demoiselle Cunegonde. Macht der Gouverneur Schwierigkeiten, so gieb ihm eine Million, und ist er noch nicht zufrieden, so gieb ihm zwey Millionen. Du kanst ganz sicher dahin reisen, auf dich wird niemand aufpassen; denn du hast ja den Inquisiten nicht umgebracht; ich will unterdessen ein ander Schiff nehmen, und nach Venedig gehen; das ist ein freyer Staat, da brauche ich mich weder für die Bulgaren, noch Abaren, noch für die Juden, oder Inquisitors zu fürchten, und in Venedig will ich warten, bis du dahin mit der Fräulein Cunegonde zurücke kommst. Cacambo fand diesen Einfall sehr gut, es gieng ihm zwar nahe, daß er sich von seinem lieben Herrn trennen sollte, der bereits sein guter Freund geworden; allein, der Nutzen oder vielmehr die Beruhigung seines Herrn überwog seinen Schmerz, sie umarmten sich beyde mit thränenden Augen. Candide empfahl ihm noch zuletzt die gute Alte auch nicht zu vergessen, und Cacambo reisete noch denselben Tag ab. Es war gewiß ein rechter guter Mensch, der ehrlich Cacambo!

Candide blieb noch einige Zeit zu Surinam und wartete, ob sich nicht ein anderer Patron vor-

vorfinden würde, welcher ihn mit seinen beyden Hammeln nach Italien brächte. Er legte sich indeß Bediente zu und schafte alles an, was er zu seiner Bequemlichkeit auf einer so langen Reise bedurfte. Endlich meldete sich ein angesehener Schiffs-Patron bey ihm, dieser war Herr Vanderndendur. Wieviel wollen sie haben, frug Candide, wenn sie mich, meine Leute, meine Bagage, und die beyde Hammel, so sie hier mit denen Pack-Sattels stehen sehen, gerade nach Venedig schaffen? Zehen tausend Piasters, versetzte der Patron; gut, sagte Candide, die will ich ihnen geben.

O ho! sagte der schlaue Vanderndendur bey ihm selber, der will sogleich ohne Anstand zehn tausend Piasters geben, der Herr muß recht viel Geld haben. Er gieng fort, kam bald wieder und sagte: Es gienge für den Preiß nicht an, unter zwanzig tausend Piasters könnte er ihn nicht nach Venedig bringen. Ey nun! antwortete Candide wieder, so gebe ich ihnen zwanzig tausend.

Zum Geyer! der Herr giebt eben so leicht zwanzig tausend als zehn tausend Piasters, dachte der Schiffs-Herr. Er gieng wieder fort und kam den Augenblick wieder zurück, und

und sagte, ich habe nicht daran gedacht, sie wollen nach Venedig! da hätte ich bald einen schönen Handel rückwärts machen können; nein! wenn sie nach Venedig wollen, so kann ich ihnen mein Schiff auf das allergenaueste nicht unter dreyßig tausend Piasters geben, ich thäte mir sonst offenbar selbst Schaden. Candide sagte: Gut! wenn es nicht anders seyn kann, so will ich ihnen dreyßig tausend Piasters geben.

Das lasse ich gelten! raisonnirte der Patron weiter, auch aus dreyßig tausend Piasters macht sich der Herr nichts! die beyde rothen Hammel müssen recht mit erstaunenden Reichthümern bepackt seyn, ich will indeß nichts weiter fordern, ich will mir die dreyßig tausend Piasters geben lassen, und dann weiß ich schon, was ich weiter thun werde, solche Gelegenheiten zeigen sich nicht alle Tage. Candide verkaufte mitlerweile zwey kleine Diamanten, wovon der geringste mehr werth war als alles Geld, so Herr Vanderndendur begehrte. Er gab ihm sein Geld voraus, die beyden Pack-Hammel wurden am Boord geschickt, sie wurden eingeschifft; Candide folgte auf einem kleinen Fahrzeuge, um gleichfalls

falls einzusteigen. Der Patron beobachtete seine Zeit, er zog die Seegel auf, faßte Wind und seegelte davon. In wenig Minuten war der Schiffs-Herr unsichtbar, Candide erschrack und schrie: Das ist wieder ein würdiger Streich für die alte Welt! Vom Schmerz und Betrübniß durchdrungen, kehrte er wieder zurück, und nunmehr waren die Reichthümer für zwanzig Monarchen verlohren.

Candide gieng zum Holländischen Richter, er war noch voller Wuth, er klopfte heftig an die Thür, er gieng stark hinein, er erzehlte, was ihm für Spitzbüberey gespielt worden, und wieviel er etwan von seinem großen Vermögen übrig behalten, er schrie hiebey aus vollem Halse; und der Richter sagte: Zuerst werden sie für den unschicklichen Lerm, und gegen mir vergessenen schuldigen Achtung, zehn tausend Piasters bezahlen; Candide zahlte. Drauf fuhr der Richter fort, nun erzehlen sie mir ihre gehabte Fatalität aufs neue; Candide wiederholte sein erlittenes Unglück, wonechst der Richter, nachdem er viele Folianten aufgeschlagen und durchgeblättert, zu ihm sagte: Er wolle den Bescheid sofort ertheilen, sobald der Kaufmann wieder zurück gekommen seyn würde.

wurde. Für die gehabte Audienz, sind übrigens gleichfalls zehn tausend Piasters, und auch die mußten sogleich bezahlt werden.

Ueber diesem Verfahren wollte Candide vollends verzweifeln, er hatte freylich schon härtere Schicksale erlitten, doch schien ihm kein einziges mit soviel Boßheit vermischt gewesen zu seyn; aber, daß ihn der Richter mit so kalten Blute um so viel Geld geschnellet, und der Schiffs-Patron ihn so ganz erstaunend bestohlen, dies gieng ihm gar zu nahe an die Seele und trieb ihm die Galle dermassen ins Geblüth, daß er fast ganz melancholisch wurde. Er hatte stets die schändliche Denkungs-Art dieser Menschen in ihrer völlig heßlichen Gestalt vor Augen, und er unterhielt sich mit lauter traurigen Gedanken, bis ihm die Nachricht gebracht wurde, daß eben ein französisches Schiff im Begriff sey, nach Bourdeaux abzugehen. Nun hatte Candide keine mit Diamanten beladene Hammel mehr; nun miethete er sich für einen billigen Preiß auf diesem Schiffe eine Kammer, und ließ in der Stadt kund machen, daß, wenn sich ein guter Mensch fände, so ihn begleiten wollte, es müßte aber selbiger mit seinem Stande höchst nißmißvergnügt und höchst unglücklich seyn, so wollte er selbigen zur Gesellschaft mit nehmen, gänzlich frey halten, und überdem zwey tausend Piasters geben.

Bald meldete sich eine so große Anzahl Prätendenten, daß ein eigenes Schiff für selbige nicht zugereicht hätte. Candide nahm 20 Persohnen, nach dem Ansehen, aus dieser Menge heraus, es schienen ihm selbige zum gesellschaftlichsten, und jeder von ihnen gab auch vor, ganz vorzüglich mißvergnügt und vorzüglich unglücklich zu seyn. Alle zwanzig mußten nach sein Quartier kommen, sie mußten des Abends mit ihm speisen; und ein jeder mußte ihm an Eydes statt versichern, seine Schicksale treulich zu erzehlen, wogegen Candide versprach, denjenigen zu sich zu nehmen, der ihm würklich am mehresten bejammernswürdig scheinen würde, und denen übrigen wollte er ein Andenken geben.

Die Sitzung dauerte den ganzen Abend und die ganze Nacht hindurch, bis des Morgens um 4 Uhr. Candide hörete aufmerksam zu, ihm fiel hiebey die Wette der Alten ein, so auf der Reise nach Buenos-Aires schon gesagt hatte,

hatte, daß jeder Mensch sich für den unglücklichsten hielte, und Pangloß lag ihm auch zu gleicher Zeit beständig im Sinne; er dachte, der würde trefflich in die Enge getrieben werden, wenn er bey diesen Erzehlungen sein System behaupten wollte; gewiß, ich wünschte, daß er hier wäre, denn es ist eine ausgemachte Sache, wenn alles irgend wo zum Besten gehet, so ist es nirgend anders als in Eldorado. Kurz, Candide entschloß sich zum Vortheil eines armen Gelehrten, welcher in Salamanca studiret, und 10 Jahr für die Buchhändler in Amsterdam gearbeitet hatte, denn er meynete, daß einem von allen Beschäftigungen in der Welt diese zum ersten vereckelt werden müsse.

Dieser Gelehrte, Namens Martin, so sonst ein ganz guter Mann war, hatte das Unglück gehabt, daß ihn seine Frau bestohlen, sein leiblicher Sohn geprügelt, und seine einzige Tochter, aus Liebe zu einem Portugiesen, ihn heimlich verlassen hatte. Er war unverdienter Weise um seinen gehabten kleinen Dienst gebracht, und die Priester in Surinam verfolgten ihn, weil sie ihn für einen Socinianer hielten. Nun waren zwar die andern Candidaten nichts glücklicher; allein, Candide glaubte,

glaubte, daß ihm dieser Gelehrte auf der Reise
noch besser die Zeit vertreiben würde, als die
übrigen; jene hingegen fanden diese Wahl sehr
ungerecht, sie wurden sogar sehr aufgebracht;
allein, sie wurden auch bald wieder besänftiget,
Candide schenkte einem jeden hundert Stück
Piasters.

---

## Das zwanzigste Capitel.

### Candide und Martin reisen nach Bourdeaux. Martins Glaubens-Bekänntniß.

Der gelehrte Herr Martin schiffte sich mit
Candiden ein, nach Bourdeaux zu gehen, beyde
hatten vieles in der Welt gesehen und ausgestanden, es gieng also sehr natürlich zu, daß
es ihnen nicht am Stoff zum plaudern man-
gelte, und wenn sie auch selbst von Surinam
über das Vorgebürge der guten Hoffnung
nach Japan hätten reisen wollen.

Candide hatte indessen stets viel vor Martin zum voraus, denn jener hoffte noch täglich
auf

auf die Demoiselle Cunegonde, und Martin hatte auf nichts zu hoffen, und überdem hätte jener auch ganz hübsches Gold und einen guten Vorrath Diamanten. Er hatte zwar freylich 100 große rothe Hämmel mit den größten Reichthümern der Erde verlohren, und der Herr Vanderndendur war auch noch nicht gänzlich verschmerzt; indeß, wenn er gleichwohl zuweilen auf seine Taschen klopfte, und wenn er anfing von Cunegonden zu sprechen, und besonders, wenn sie bald vom Tische aufstehen wollten, so konnte er doch noch nicht unterlassen, den Satz des Herrn Pangloß noch immer zu behaupten.

Aber, weiß Gott! · · sagen sie mir einmal recht offenherzig ihre Meinung, · · nein, ohne Spaß; Herr Martin, · · was dünket ihnen denn wohl von dem moralischen und physikalischen Uebel? · · Unter uns geredt, ich möchte doch drum gerne ihre Gedanken davon wissen, · · sagen sie es mir, was sie davon halten? Mein Herr, sie wissen vorlängst, daß mich die Priester beschuldiget haben, ich sey ein Socinianer. Aber, um ihnen auf ihre Frage mit einem Worte zu antworten, so muß ich ihnen nur aufrichtig bekennen, ich bin ein Manichäer. Scherzen sie
doch

doch nicht mit mir, erwiederte Candide, es giebt ja keine Manichäer mehr in der Welt, ich wollte ihnen nicht gerne widersprechen. Aber, was soll ich machen, ich bin doch gleichwohl da, antwortete Martin, und ich kann schlechterdings nicht anders denken, als ich denke. So müssen sie den Teufel im Leibe haben, versetzte Candide. Man kann nicht wissen, erwiederte der Gelehrte, der Teufel mischt sich sehr stark in alle Sachen von der Welt, und er kann sich also eben so leicht in mich, als in andre Dinge eingeschlichen haben; denn, die Warheit zu gestehen, wenn ich diese Erdkugel, oder vielmehr diesen kleinen Ball betrachte, und das einzige Eldorado ausnehme, so sie mich kennen gelehret, so kommt es mir immer vor, als wenn diese Welt von Gott an einem bösartigen Wesen zur selbst beliebigen Verfügung wäre überlassen worden. Wer hat wohl je eine einzige Stadt gesehen, welche nicht den Untergang einer andern benachbarten Stadt gewünschet; und eben so wenig kenne ich eine einzige Familie, die nicht gerne eine andere Familie ausgerottet hätte; aller Orten verwünschen die schwächere die mächtige, vor denen sie im Staube kriechen müssen; und aller Orten begegnen die mächtige denen

schwächern,

schwächern, als wie einer Haerde, wovon so wohl das Fleisch als die Wolle zum Verkauf stehet; so siehet man ferner eine ganze Million einregimentirte Mörder von einem Ende Europa bis zum andern herum laufen, welche sich nach ordentlichen Regeln mit nichts als rauben und morden beschäftigen, ihr Brodt zu erwerben; sie suchen darinn sogar eine wahre Ehre, ihre Nachbarn zu übertreffen, und behaupten ungescheut: es sey ihr Stand der allervornehmste. Nichts besser gehet es in denen Städten zu, worinn eigentlich kein Krieg ist, und wo sich die Künste und Wissenschaften im blühenden Stande befinden. Die Vorzugs-Begierde der Einwohner, ihr Hochmuth, ihr Stolz, ihre Einbildung, ihr Neid, ihre schändliche Sorgen und strafbare Beunruhigungen setzen ihnen mehr zu, als wenn sie vom Feinde belagert wären, denn der innerliche geheime Schmerz ist ungleich nagender als das allgemeine Elend. Und darf ich mich noch einmal mit wenig Worten ausdrücken? Ich habe so viel gesehen und erfahren, als man nur immer sehen und erfahren mag; da aber alles stets auf eins hinaus läuft, so habe ich wohl endlich zum Manichäer werden müssen.

Es

Es liegt doch in der Welt auch gleichwohl noch viel Gutes, antwortete Candide. Es kann seyn, sagte Martin, nur mir ist es nicht bekannt.

Kaum hatten sie dieses gesprochen, so hörten sie einen Canonen-Schuß, bald hörten sie wieder einen, bald wieder, und bald erfolgte der vierte. Drauf nahmen sie ihre Seh-Röhre und sahen auf etwan anderthalb Meilen ein See-Treffen von 2 Schiffen liefern. Der Wind brachte ihnen beyde Schiffe immer näher, dergestalt, daß sie alles ganz deutlich beobachten konten, und endlich sahen sie eine ganze Lage so richtig von dem einem Schiffe geben, daß das andere gleich im Grunde gebohret war. Candide und Martin konten sogar an 100 Personen genau wahrnehmen, die auf dem obern Boden des unglücklichen Schiffes ihre Hände gen Himmel reckten, erbärmiglich schrien, und gleich mit samt dem Schiffe untergingen.

Sehen sie, sagte Martin, so ist das menschliche Verhalten gegen einander. Es ist wohl wahr, antwortete Candide, es läuft was verteufeltes mit unter; und gleich erblickte Candide bide etwas hell rothes, ohnweit ihrem Schiffe schwimmen; sie machten ein kleines Fahrzeug los, um zu sehen, was es wäre, und es war einer von Candidens Hammeln, und Candide freuete sich mehr über diesen wieder geretteten ledigen Hammel, als er sich zuvor betrübt gehabt, hundert dergleichen mit den größten Schätzen beladen, zu verliehren.

Der Französische Capitain von ihrem Schiffe sahe gleich, daß es ein Spanischer Hauptmann war, so das andere Schiff in Grund gebohret, und das untergangene war von einem Holländischen See-Räuber, und zwar von eben dem, welcher Candiden bestohlen, er hatte seinen Raub schlecht genutzt; denn nunmehr war er selber mit samt den gestohlenen erstaunens-würdigen Reichthümern von der See verschlungen, nichts war davon gerettet, ausser der einzige Hammel.

Hier werden sie doch klar überführet, sagte Candide zu Martin, wie gleichwohl auch was Gutes in der Welt lieget; hier sehen sie an dem Holländischen Schiffs-Patron, wie wenig das gestohlene Guth gedeiet, und wie das Laster bestraft wird; müssen sie nicht gestehen, daß

der

der Spitzbube den Lohn empfangen, so wie er
es verdient hat? Ja, das ist wahr, antwortete
Martin, aber, warum mußten dann die an-
deren Menschen von demselben Schiffe mit
ertrinken? ich wüßte es nicht anders zu erklähren, als . . der liebe Gott hat den
Dieb gestraft, und . . die übrigen hat
der Teufel ersäuft.

Candide und Martin setzten immer ihre Unterredung fort, gleichwie das französische und
Spanische Schiff ihre Reise, nur mit dem Unterschied, daß jene nach einem vierzehntägigen
disputiren nicht im geringsten weiter gekommen waren als da sie angefangen hatten; sie
hatten indeß doch gesprochen, sich einander ihre
Gedanken mitgetheilet, und nach ihrer Meinung getröstet. Candide streichelte seinen rothen Hammel und sagte: Habe ich dich sonder
alles Verhoffen wieder gefunden, so finde ich
auch wohl die schöne Baroneßin Cunegonde
wieder.

Das

## Das 21 Capitel.

Ein leeres Gespräch zwischen Candiden und Martin, worüber der Leser mit den Reisenden nach Bourdeaux kommt.

Sie kamen endlich an die Küsten von Frankreich. Candide frug Herr Martin: Ob er schon in Frankreich gewesen? Und Martin sagte: Ich bin verschiedene Provinzen durchstrichen, in einigen ist die Hälfte der Einwohner närrisch, in andern zu listig, und in noch andern sein freundlich und sein dumm, und wieder in andern wollen die Einwohner insgesamt schlechterdings witzig seyn; die Hauptbeschäftigung aber einer jeden Provinz ist die Liebe, die zweyte die Verleumdung, und die dritte albernes Zeug zu sprechen. Aber, Herr Martin, haben sie auch schon Paris gesehen? Ja, ich bin auch zu Paris gewesen, sie finden daselbst Menschen von allen Charakteren durcheinander, es ist daselbst ein Chaos, ein Gedränge, worinn fast jeder sein Vergnügen suchet,

chet, und fast niemand findet, so ist es mir in Paris vorgekommen. Ich habe mich nur kurze Zeit daselbst aufgehalten, als ich hinkam stohl man mir auf dem Markt zu St. Germain alles, was ich hatte; ich war hieben noch dazu so unglücklich, selbst für einen Dieb angesehen zu werden, und mußte 8 Tage im Gefängnisse sitzen, ehe man mich vernahm und loß ließ. Drauf wurde ich Correktor in einer Buchdruckerey, um nur wieder soviel zu verdienen, daß ich zu Fuß nach Holland gehen konnte, ich kenne also den schreibenden, den casbasirenden, und den schwärmenden Pöbel; man sagt, es kann seyn, daß sich auch ganz artige belebte Leute in dieser Stadt befinden sollen.

Was mich betrifft, sagte Candide, so habe ich nicht die geringste Lust, Frankreich zu sehen, denn sie können leicht denken, wer einen Monath lang in Eldorado gewesen, der bekümmert sich nicht weiter, etwas zu sehen. Sehe ich nur erst die schöne Baroneßin Cunegonde wieder, ich erwarte dieselbe in Venedig, und gehe deßhalb anjetzt durch Frankreich nach Italien, ich hoffe, sie gehen doch stets mit mir? Martin antwortete: Man sagt, daß Venedig nur eigentlich

gentlich für den Venetianischen Adel und für recht reiche Fremde zu Nutze wäre; nun habe ich zwar kein Geld, da es aber ihnen nicht daran mangelt, so verlasse ich sie gewiß nicht, und folge ihnen, wohin sie nur immer wollen. Allein, fuhr Candide fort, sie wissen, daß Venedig über Wasser gebauet ist, sie haben auch in dem grossen Buche des Schiffs Capitains gelesen, daß die Erde ursprünglich ein Meer gewesen; was dünkt ihnen davon, sollte das wohl wahr seyn? Ich glaube es schlechterdings nicht, war Martins Antwort, so wenig als die andre Träumereyen, so man den Menschen seit einiger Zeit weiß machen wollen. Zu welchem Zweck ist aber diese Welt gemacht? Zu welchem Zweck? daß wir uns in selbiger für Verdruß todt ärgern sollen? sonst weiß ich keinen. Aber, die Geschichte, so ich Ihnen von den Oreillons erzehlet, da die beyden Mägdgens sich in zwey Affen verliebt hatten, ist ihnen die nicht recht ausserordentlich vorgekommen? Das kann ich nicht sagen, ich finde nichts neues in dieser Leidenschaft, sie ist nicht einmal so stark, als der Geschmack der Italiäner, und überhaupt, ich habe soviel ausserordentliches in der Welt gesehen, daß mir jetzt gar nichts mehr ausserordentlich scheinet. Was
dünkt

## Die beste Welt.

dünkt ihnen aber von denen Menschen überhaupt? sollten sich die wohl von je her ums Leben gebracht haben? sollten sie wohl von je her Lügner, Betrüger, ungetreu, undankbar, niederträchtig, unbeständig, wild, neidisch, hochmüthig, geitzig, vielfrässig, Trunkenbolde, verschwenderisch, geil, Verläumder, blutdürstig, Heuchler, phantastisch und Narren gewesen seyn, das sollte ich doch wohl nicht glauben? Was glauben sie denn von den Sperbern und Habichten, antwortete Martin, sollten die wohl von je her die Tauben gefressen haben, wenn sie welche erhaschen können? Ohnfehlbar haben die stets Tauben gefangen und gefressen, erwiederte Candide. Gut, versetzte Martin, wenn die stets ihre Natur beybehalten haben, woher wollen sie sich dann glaublich vorstellen, daß die Menschen die ihrige hätten verändert haben sollen? Ja, das ist ein ganz anders, sagte Candide, denn der freye Wille · · · während dieses raisonniren, kamen beyde in Bourdeaux.

## Das 22 Capitel.

Candide und Martin reisen nach Paris; Candide erhält daselbst viele gute Freunde; er kommt beynahe ins Gefängniß; er reiset mit Martin weiter nach Portsmuth.

Candide blieb nicht länger in Bourdeaux als einige Steine aus Eldorado zu verkaufen, und eine zweysitzige Chaise anzuschaffen, denn ohne Martin konnte er sich nun nicht mehr behelfen. Das verdrießlichste war ihm nur, daß er seinen Hammel nicht mitnehmen konnte; er schenkte selbigen deshalb der Akademie der Wissenschaften zu Bourdeaux, und diese gab gleich zum Gewinnst des künftigen Jahres die wichtige Aufgabe: Warum der Hammel aus Eldorado rothe Wolle hätte? Viele hundert Gelehrte schrieben hierüber so wohl in 8vo als in 4to ihre gründliche Gedanken nieder. Ein nordischer Gelehrter erhielt aber den Preiß, denn er bewieß in Folio, durch A ☩ B ÷ C getheilt durch 2, daß der mel roth seyn müßte und an den Pocken sterben würde.

Alle Reisende, so Candiden begegneten, und alle, die er in den Wirthshäusern antraf, gingen insgesamt nach Paris, dis brachte Candiden auf gleichmäßige Gedanken, von seinem geraden Wege nach Italien ein wenig auszubiegen und diese Hauptstadt zu besehen. Er reisete glücklich hin, er fuhr durch St. Marceau, hier glaubte er in dem heßlichsten Flecken von Westphalen zu seyn, und er erschrack nicht wenig, als der Postillion ihn versicherte, es wäre die Vorstadt von Paris.

Candide wurde von den ausgestandenen vielen Beschwerlichkeiten unpäßlich, sobald er nur im Gasthofe zu Paris war. Sein ungemein großer Diamant, den er stets am Finger hatte, und seine gewaltig schwere Chatulle fielen gleich beym Aussteigen sehr in die Augen, und er hatte sich kaum merken lassen, daß ihm nicht recht wohl wäre, so waren auch schon ein paar Medici bey ihm, ohne gefordert zu werden. Noch kamen ein paar Herren, so ihn ihrer ewigen Ergebenheit, Hochachtung und Freundschaft versicherten, auch nicht

eine

eine Minute von ihm wichen. Bald darauf fanden sich zwey ungebetene andächtige Brüder ein, so sich beschäftigten, die Brühen für den Patienten stets warm zu erhalten. Martin sagte, ich habe auf meiner ersten Reise hier auch das Bette hüten müssen, bey mir fanden sich aber keine ganz ergebenste Freunde und ganz gehorsamste Diener ein, ich habe auch keine Mediciner als noch weniger einige andächtige Brüder bey mir gesehen, ich wurde gleichwohl wieder besser, aber ich hatte kein Geld.

Candide mußte alle Stunden einnehmen, und alle Tage sich etliche mal zur Ader lassen und wurde also hiedurch würklich recht krank. Bald meldete sich ein freywilliger Meß-Priester und ersuchte bey ihm ein Papier für die Ewigkeit auszulösen. Candide wollte nicht, die barmherzigen Brüder versicherten, es sey dies die neueste Mode. Ich bin nicht für die Moden, antwortete Candide, und Martin wurde über ihr ungestümes beständiges Anhalten dergestalt aufgebracht, daß nicht viel gefehlet, so hätte er den Meß-Priester zum Fenster hinaus geworfen. Der Priester schwur, Candide sollte nicht begraben werden, und Martin schwur, er wolle ihn den Priester
sofort

sofort begraben, wenn er sich nicht den Augenblick fortpackte. Ihr Streit wurde hitzig, Martin schmiß endlich den Priester zur Thüre hinaus, und die Sache kam noch gar zum Verhör, der Richter gab beyden Theilen unrecht; Candide gab dafür dem Richter Geld, und der Priester den Seegen.

Candide wurde endlich wieder gesund, er hatte während seiner Besserung stets treffliche Gesellschaft bey sich, sie erwiesen ihm stets die Ehre, bey ihm vorlieb zu nehmen, sie halfen ihm die Zeit vertreiben, sie spielten zusammen und spielten ihm zu Liebe hoch. Candide verlohr, er wunderte sich gar gewaltig, daß er niemals Madators bekam; Martin wunderte sich aber darüber gar nicht.

Unter diesen dienstfertigen, unverdrossenen, muntern, aufpassenden, schmeichlerischen, eifrigen, unverschämten Leuten, so stets der Freuden halber auf der Lauer liegen, die Leute beplaudern, und um das liebe Geld zu allem die Anleitung und Gelegenheit geben, unter diesen Herren, so Candiden aus der Stadt recht fleissig und ergebenst aufwarteten, war auch ein kleiner Abt, und dieser führete Candiden und Mar-

Mattin nach dem Comödien-Hause, es wurde eben ein neues Trauerspiel aufgeführet: Candide kam zwischen einigen Witzlingen zu sitzen; er enthielt sich aber deshalb nicht, bey verschiedenen recht wohl gearbeiteten und natürlich gespielten Stellen, recht herzlich zu weinen. Bald folgte ein Zwischen-Auftritt und sein Nachbar, so ein rechter Kenner seyn wollte, sagte zu ihm: Sie haben groß Unrecht, daß sie zuvor geweinet haben, die Stelle hätte sie schlechterdings nicht rühren sollen, denn ich behaupte, das Frauenzimmer spielte ihre Persohn nur schlecht, ihr Mann spielt noch schlechter, und das ganze Stück ist noch elender als alle beyde; sie werden es leicht begreifen, wie abgeschmackt es sey. Der Ort, wo die Geschichte vorgegangen, liegt in Arabien, und der Spieler versteht nicht ein Wort Arabisch; er glaubt auch keine angebohrne Ideen, und Morgen will ich ihnen wohl zwanzig Bogen zeigen, so schon wider ihn heraus sind. Drauf kam der kleine Abt und frug: Haben sie wohl das junge Frauenzimmer betrachtet, die so schön gewachsen ist, und die so reitzend aussieht? Wenn sie wollen, so getraue ich mir, sie ihnen zu verschaffen, sie brauchen ihr nur für funfzig tausend Thaler Diamanten zu geben,

ben, und des Monaths nicht mehr als etwan
fünf tausend Gulden zum Unterhalt; so will
ich schon suchen, den Handel richtig zu machen;
ich rechne es mir zur wahren Ehre und Vergnügen, ihnen dienen zu können. Candide
antwortete: Ich bin ihnen für ihre Dienstfer-
tigkeit sehr verbunden, es ist allerdings eine
schöne Persohn, und die Kosten wollen auch so
viel nicht sagen, ich habe nicht längst gewiß
ungleich grössere Summen angewandt, aber
ich könnte dis Frauenzimmer nur höchstens
ein oder zwey Tage nutzen, denn ich muß alsdann wegen einer gewissen Baroneßin, so ich
erwarte, höchst nothwendig nach Venedig reißen.

Das Trauerspiel gieng hierüber zum Ende,
drauf wurde wieder nach dem Gasthofe gefah-
ren, der Herr Abt speisete mit und vergaß
nicht, sich das völlige Zutrauen von Candiden
zu erwerben, er bezeigete alle mögliche Achtung und alle mögliche Höflichkeit. Sie haben also etwas bestelltes in Venedig? Ja, antwortete Candide, ich muß nothwendig hin; ich
denke die Baroneßin Cunegonde daselbst vorzufinden. Die Familie wird ihnen ohnfehlbar bekannt seyn, sie ist aus Westphalen, aus
dem größten Hause von Thunder-ten-tronckh.

K 3 Drauf

Drauf fing er an, ihr ganzes Geschlecht-Register auf dem Tisch zu mahlen, und endlich ging die Lust von seiner Göttin zu sprechen so weit, daß er nach seiner löblichen Gewohnheit dem Herrn Abt einen ganz ansehnlichen Theil von den Begebenheiten erzehlte, so ihn und seine berühmte Westphälerin betroffen hatten, er vergaß überhaupt nur dreyerley Kleinigkeiten, woran er niemals gerne gedenken mochte, diese waren, ihre erlittene Nothzucht, der Umgang mit dem Juden, und die Bekanntschaft des Herrn Groß-Inquisitors.

Der Herr Abt war ein ganz verschmitzter Kopf, er merkte gleich Candidens Schwäche, und lobte daher bald seine Einsicht, sein Glück, seine große Erfahrung, und seine schöne Cunegonde. Sie muß gewiß viel Verstand besitzen, sagte er unter andern, um nach ihrem feinen Geschmack zu urtheilen, und ihre Briefe, so sie ihnen öfters schreibe, was müssen das nicht für ganz unvergleichliche Briefe seyn! Ich kann mir leicht vorstellen, wie prächtig ihr Ausdruck, und wie reitzend und rührend ihr Vortrag seyn müsse; sie muß gewiß eine Meisterin seyn, ihre Empfindungen recht lebhaft zu schildern, besonders, da sie so stark in der Philosophie

phie ist; sehr selten hat man bey uns das Vergnügen, eine so schöne und geschickte Hand hier vorzufinden. Das kann ich eben nicht mit Gewißheit sagen, ob ich gleich nicht daran zweifele, denn ich habe, die Wahrheit zu gestehen, noch keinen Brief von ihr erhalten, ja, ich habe nicht einmal ihre Hand gesehen. Sie wissen, ich kam schleunig aus dem Schlosse, bald nachher erfuhr ich, daß sie todt wäre; mit einst fand ich sie wieder und da bin ich bey ihr geblieben, bis ich sie wieder ganz unvermuthet verlassen mußte; jetzt aber erwarte ich Nachricht, denn ich habe ihr meinen Bedienten, den Cacambo, welcher der treueste, beste Mensch von der Welt ist, auf drittehalb tausend Meilen entgegen gefertiget.

Der Abt hörte aufmerksam zu, er that aber, als wenn er in Gedanken säße, er blieb nicht lange bey Tafel, sondern stund bald auf, umarmete die beyde fremde Herren sehr zärtlich, er bath sich ihre beständige Freundschaft aus, er versicherte sie dagegen der Seinigen und empfahl sich bestens. Den andern Morgen früh erhielt Candide nachstehenden Brief:

Mein Herr und werther Schatz! Den Augenblick erfahre ich ihre Anwesenheit, und seit acht Tagen habe ich hier schon krank gelegen. Wie gerne flöhe ich in ihre Arme, aber meine Schwachheit will es nicht verstatten. In Bourdeaux erhielt ich die erste Nachricht von ihnen, da ließ ich die Leute zurück, um desto schleuniger zu reisen, und denke, daß der treue Cacambo und die Alte hier alle Augenblick eintreffen werden. Der Gouverneur von Buenos-Aires hat mir alles genommen, ich bleibe aber reich genug, sofern mir ihr unschätzbares Herz nicht entrissen worden. Kommen sie, werther Schatz! ihr Angesicht macht mich gewiß wieder gesund, und sterbe ich ja, so sterbe ich für Vergnügen.

Dieser schöne, dieser zärtliche, dieser unverhofte Brief setzte Candiden in eine ganz unbeschreibliche Freude, so, wie ihm dagegen die Krankheit seiner Schönen recht schöne Thränen kostete. Von beyden Empfindungen gerührt, nahm er sein Gold und seine Diamanten, und ließ sich mit Herr Martin nach dem Gasthofe führen, wo die Baroneßin Cunegonda abgetreten war. Er zitterte bey jedem Schritt, sein Herz floh, er kam in ihre Stube, seine
Sprache

Sprache wurde stotternd; er wollte die Bett-Gardinen aufziehen, eine Magd aber hielt ihn davon zurück, indem sie sagte: Nehmen sie sich in Acht, das Licht könnte der gnädigen Baroneßin leicht tödtlich seyn, und zugleich zog die Magd die Gardinen noch fester zu als zuvor. Dieser so schwache Gesundheits-Zustand erpreßte von Candiden einen neuen Strohm zärtlicher Thränen. Ach, allerliebste Cunegonde! rief er, wie befinden sie sich dann, ich weiß, sie können das Licht nicht vertragen, gönnen sie mir nur die Freude, ein paar Worte mit ihnen zu sprechen, so bin ich doch einiger massen getröstet. An statt der Antwort, reichte sie ihren runden Arm aus dem Bette. Die Magd versicherte, es sey die Patientin viel zu schwach zum reden. Candide küßte die schöne Hand, er benetzte sie mit Thränen, er füllte sie mit kostbaren Juwelen und legte einen Beutel mit Golde nahe am Bette auf den Lehnstuhl der schönen Cunegonde.

Candide war eben im Begriff, sein Herz und seinen Geld-Beutel noch mehr auszuschütten, so trat ein Gerichts-Herr mit dem erwehnten kleinen Abte in dieses Kranken-Zimmer, und besetzten die Thüre mit drey Soldaten.

daten. Der Abt sagte zu der Wache: Diß sind die beyde verdächtige Fremden; sofort wurden beyden Ketten angelegt, sie sollten nach dem Stock-Hause unter den Wall gebracht werden, und die Wache mußte ausserhalb dem Zimmer noch ein wenig warten. Candide rief hiebey: So verfährt man nicht mit denen Fremden zu Eldorado! Und Martin rief: Nun bleibe ich gewiß eifriger, ein Manichäer als jemals!

Martin merkte bald, daß die unüberlegte Erzehlungen des Candiden zu diesem Verdruß die Gelegenheit gegeben, und daß die vorgebliche Cunegonde und der kleine Abt mit samt dem Gerichts-Herrn, Spitzbuben wären, welcher man sich schon entledigen könnte, als eben Candide, um keine Weitläuftigkeit zu haben und seine wahre Cunegonde bald wieder sehen zu können, dem Gerichts Herrn drey kleine Diamanten, jeden an funfzehen tausend Thaler werth, zum Geschenk überreichte. Sofort erkannte dieser Herr Candidens Unschuld, er versicherte hoch und theuer, sie sind der redlichste, beste Cavalier von der ganzen Welt. Mein Himmel! sie haben mir wenigstens fünf und vierzig tausend Thaler geschenkt; wahrhaftig,

haftig, wenn sie auch der größte Missethäter wären, so behaupte ich dennoch, daß sie den allerschätzbarsten Charackter besitzen, eher ließe ich mein Leben für sie, als daß ich sie nach dem Gefängnisse bringen sollte. Der König hat zwar auf das schärfste befohlen, alle Fremden, ohne den geringsten Unterschied in Verhaft zu nehmen, aber verlassen sie sich auf mich, ich weiß schon, wie ich es machen will, ich werde sie gewiß in Sicherheit setzen. Ich habe einen Bruder zu Dieppe in der Normandie, bey dem will ich sie selbst hinbringen; er gleicht mir vollkommen, rechtschafnen Leuten mit Vergnügen zu dienen; sie können gewiß glauben, wenn sie ihm ein paar Diamanten geben, so sorgt er wahrhaftig für ihnen, wie für ihn selber; es ist die ehrlichste Haut, die man nur denken kann. Gleich mußten die Soldaten wieder ins Zimmer treten: Es ist ein Mißverständniß, sagte die obrigkeitliche Person, diese Herren sind keine Fremden. Kurz, die beyden Fremden wurden wieder loß geschlossen, und die Mannschaften erhielten Ordre, wieder nach der Hauptwache zu gehen.

Kaum war die Wache fort, so frug Candide, warum man denn alle Fremden in Verhaft nähme? Und der kleine Abt antwortete: Sie

werden es nicht übel nehmen, die Ursache ist so
klar als bündig, wenn ich die Ehre habe, ihnen zu sagen, daß ein schlechter Kerl aus Atre-
batien über gewisses einfältiges Zeug, so er reden hören, auf die Gedanken gebracht worden, einen Mord zu begehen; zwar nicht einen solchen, wie im Jahr 1610. im Monath
May, sondern von der Art, wie im Jahr
1594. im Monath December, und wie in andern Jahren in andern Monathen von andern
Gesindel aus den nehmlichen Ursachen began-
gen worden.

Der Gerichts-Bediente merkte, daß Candide
sich aus diesem historischen Vortrage nicht
recht vernehmen konnte, er sagte ihm also, wer
und warum eigentlich gesucht und in Verhaft
genommen würde. Und Candide rief für Entsetzen: Ist es möglich, daß solche Ungeheuer
sich in einem Lande aufhalten können, wo das
sämtliche Volk sich nur lediglich mit Singen
und mit Tanzen zu beschäftigen scheint! O
möchte ich doch so geschwinde als möglich den
Boden verlassen, wo die Affen Tyger machen!
In meinem Vaterlande habe ich lauter Bäre
gefunden, Menschen aber nirgends, als in Eldorado. Allerliebster Herr Eximirter! ich
bitte sie um des Himmels willen, machen sie,
daß

## Die beste Welt.

daß ich bald nach Venedig komme, denn ich erwarte daselbst mit Schmerzen, die schöne Baroneßin Cunegonde. Allein, die Antwort hieß, wie zuvor: Ich kann sie nicht weiter als zu meinem Bruder bringen; drauf machten sich alle drey reisefertig. Martin erinnerte noch zur rechten Zeit an die Juwelen und an den Gold-Beutel, so die Hure im Bette zu sich genommen hatte. Candide hatte beydes ungezehlt gegeben, er mußte sich also auch gefallen lassen, es ungezehlt wieder zu nehmen, wonechst sie nach Dieppe reiseten. Hier lag ein kleines Holländisches Schiff zum abseegeln bereit, der gute Normandier war, vermöge drey geschenkten Diamanten, so gefällig und dienstfertig als sein Bruder, und sie seegelten auf Portsmuth nach England. Dis war nun freylich nicht der nächste Weg nach Venedig, aber Candide machte nur, daß er weiter kam; ihm war in Frankreich als wenn er in der Hölle gesessen, und er sagte: Reise ich gleich jetzt nicht den nächsten Weg nach Venedig, so will ich ihn gleichwohl von Portsmuth reisen.

## Das 23 Capitel.

Candide und Martin kommen nach Portsmuth und sehen, wie die Engländer ihren Officiers die Lust beybringen, Admirals zu werden. Candide und Martin treffen zu Venedig ein.

Als Candide auf dem Holländischen Schiffe war, so überdachte er aufs neue, seine erlittene widrige Schicksale, und schrye, ach Panglos! Panglos! Ach Cunegonde! Cunegonde! Ach Cacambo! Cacambo! Ach Martin! Martin! was ist doch die Welt für ein Geschöpfe? Ein seltsames, oft verwünschtes Gebäude ist sie, antwortete Martin. Aber sie kennen Engelland, sind denn die Leute daselbst eben so närrisch als in Frankreich? Sie sind von den Franzosen sehr unterschieden, aber nicht in der Narrheit überhaupt sondern es sind daselbst Narren von einer ganz andern Art; nur in dem Stück gleichen sie sich, daß beyde Nationen um einen Morgen Schnee gegen Canada in solchem Kriege befangen sind, welcher ungleich mehr
kostet,

kostet, als ganz Canada werth ist. Ob aber die Anzahl des Pöbels und der Thoren in beyden Landen das Gleichgewicht hält oder überwieget, kann ich nicht bestimmen. Dis weiß ich aber mit Gewißheit, daß die Leute, zu denen wir jetzt reisen, insgesamt sehr melancholischen Temperaments, sehr gallsüchtig sind.

Hierüber landeten sie in Portsmuth. Eine große Menge Volks bedeckte das Ufer, und alle hatten ihre Augen auf einen sehr dicken Mann gerichtet, welcher mit verbundenem Gesichte auf dem obern Verdeck eines Schiffes von der Flotte kniete; vier Soldaten stunden gerade gegen ihn über, jeder derselben schoß ihm mit einst, ganz gelassen, drey Kugeln durchs Gehirne, und drauf ging die ganze Versammlung mit ungemeiner Zufriedenheit auseinander. Candide konnte nicht begreifen, was das vorstellen sollte, er sagte: Der Teufel hat wohl durchgängig sein Spiel; wer ist denn der Dickbauch, den sie alleweile mit so vielen Ceremonien todt geschossen haben? Es ist ein Admiral, antwortete einer. Aber warum hat man den Admiral todt geschossen? Und er empfing zum Bescheid: Es hätte der Admiral in einem Treffen mit denen Franzosen

nicht

nicht Leute genug todt schießen laßen; die Haupt-Sache wäre, er sey nicht nahe genug an dem Französischen Admiral gewesen. Und wo ist denn der Französische Admiral, fuhr Candide fort; und er bekam die Antwort: Dieser ist zu Paris und empfängt anjetzt die Glückwünsche und Geschenke über sein Wohlverhalten. Wo ihr nicht wunderlich seyd, erwiederte Candide, wie könnt ihr den Mann deshalb todt schießen, der Französische Admiral ist ja allemal so weit von dem Englischen Admiral entfernt gewesen, als der Englische vom Französischen? Das ist freylich wohl wahr, versetzte ein nahe bey ihm stehender vornehmer Herr; aber hier zu Lande ist es gut, von Zeit zu Zeit einen Admiral hinzurichten, um andern zu dieser vornehmen und wichtigen Bedienung Lust beyzubringen.

Hiedurch wurde Candide so aufgebracht und so ärgerlich, daß er nichts weiter zu sehen, noch zu hören verlangte; er stieg daher nicht einmal aus, sondern traf gleich einen neuen Handel mit dem Holländischen Schiffs-Patron, ihn ohne Verzug nach Venedig zu bringen; er sagte, er könnte unmöglich in diesem Lande länger bleiben, und sollte ihn auch der

zweyte

## Die beste Welt.

zweyte Holländische Schiffer so gut bestehlen als der erste. In zwey Tagen ging die Reise vor sich, die Küsten von Frankreich wurden wieder berührt und Candide befahl, mit vollen Winde zu seegeln; sie schifften vor Lissabon vorüber, und Candide zitterte am ganzen Leibe, sie gewannen endlich die Meer Enge und Candide lachte; sie kamen hierauf in die Mittländische See und erreichten Venedig und gleich umarmte Candide den Herrn Martin und sagte: GOtt sey gelobt und gebenedeyet, der uns bis hieher gebracht! Hier bekomme ich gewiß meine wahre schöne Cunegonde wieder zu sehen, denn auf Cacambo kann ich mich so sicher verlassen, als auf mir selber, es ist drum alles gut, und es geht nicht nur alles gut, sondern es geht gewiß in der Welt alles zum allerbesten.

Das

## Das 24 Capitel.

Candide findet in Venedig die Paquette das Cammer-Mägdgen, der umgebrachten alten Baroneßin. Heilsame Lehren für gewisse Frauens und für alle Jungfern.

Gleich wurde Cacambo in allen Gasthöfen und Caffee-Schenken gesucht, aber nicht gefunden; man frug sogar in allen verdächtigen Häusern nach ihm, aber auch in diesen war er nicht anzutreffen. Candide ließ so gar Tag und Nacht bey Ankunft jedes Schiffes und jeder Barque sich nach ihm erkundigen, alles aber war vergeblich, er konnte nirgends Nachricht von ihm erhalten. Ich begreife doch würklich nicht, wie es zugehet, sagte endlich Candide, ich bin gleichwohl von Surinam nach Bourdeaux, von Bourdeaux nach Paris, von Paris nach Dieppe, von Dieppe nach Portsmuth, und von Portsmuth wieder nach Portugall und Spanien gegangen; ich habe die Mittländische See durchstrichen, hier in Venedig nebig bin ich nun auch schon etliche Monathe, gleichwohl ist die schöne Cunegonde hier noch nicht angekommen, und ich habe gar nichts einmal von ihr gehöret, wenn ich den saubern Herrn Abt und seine Betrügerin ausnehme. Gewiß, gewiß, sie ist gestorben! ja sie ist ohnfehlbar todt, die schöne Cunegonde! sonst wäre sie längst hier. O möchte doch ich auch nur todt seyn! ich Thörichter, warum bin ich nicht in Eldorado in dem schönen Paradiese geblieben, statt nach dem verwünschten Europa wieder umzukehren! Nun gebe ich ihnen würklich Beyfall, liebster Herr Martin! ja, ja, sie haben in der That recht, ich bin davon überführt, es ist mehr als zu wahr: Alles ist in der Welt, leider! nichts als Blendwerk; alles in der Welt ist Elend.

Candide wurde über dem Außenbleiben seiner Schönen dergestalt niedergeschlagen, daß er weder an der Oper, noch am Carneval, noch an sonst irgend einigen Lustbarkeiten, ausser dem Spatzierengehen, den geringsten Geschmack finden konnte; alles war ihm, wo nicht zuwider, doch wenigstens ganz gleichgültig, selbst nicht eine einzige Dame in ganz Venedig war vermögend, ihn auf andere Gedanken

ken, als auf Cunegonden zu bringen. Martin sagte ihm endlich: Bedenken sie doch, Herr Candide, was sie für Schlösser in die Luft bauen, und hören sie doch einmal auf, so wunderlich, wie bisher, zu hoffen! wie können sie sich glaublich vorstellen, daß ihr Kerl, der Viertel-Spanier, solch ein Narr seyn wird, mit 5. oder 6 Millionen in der Tasche, ihre Cunegonde am Ende der Welt aufzusuchen, und ihnen selbige hieher nach Venedig zu bringen! Ist er würklich nach Buenos-Aires gereiset, so trifft er sie entweder an, oder nicht; trifft er sie an, so wird er sie für sich selbst behalten; und trifft er sie nicht an, so wird es ihm bey seinem Gelde nie an Gelegenheit mangeln, eine andere zu heyrathen; hier aber her zu kommen, wird er seit seiner Abwesenheit gewiß nie gedacht haben, noch jemals denken. Sie thun also sehr wohl, ihre Einbildung von Cacambo und ihrer Cunegonde aus dem Sinn zu schlagen, und sich aller Beyden niemals wieder zu erinnern. Dieser Trost war gar nicht sonderlich, Candide wurde also noch trauriger, und Martin wußte ihm keine bessere Medecin beyzubringen, als daß er ihn zum öftern versicherte und endlich betheuerte: Glauben sie mir, es ist überhaupt sehr wenig Glück, und

noch

Die beste Welt. 165

noch weniger Tugend auf der ganzen Erdboden anzutreffen, Eldorado nehme ich aus, aber was hilft ein schöner Ort, zu welchem niemand kommen kann.

Einst, da sie sich auf dem St. Marcus Platz über diese Materie mit einander stritten, und Cunegonde noch immer erwartet wurde, ging ein junger Theatiner mit einem Frauenzimmer unter dem Arm vor ihnen vorüber, er sah aus wie die Gesundheit, frisch von Farbe und gut bey Leibs, seine Augen waren mehr als munter, sein Gang war frey, er war wohl gewachsen, und seine Miene war ganz angenehm. Das Mägdgen, die er führte, war recht reitzend, bald sang sie, bald sprang sie, sie hüpfte stets vergnügt um ihn, und sie verstand sich ungemein darauf, ihn zum öftern ganz schalkhaft und verliebt auf seine dicke Backen zu klopfen. Da, sehn sie wohl! sagte Candide, es giebt gleichwohl auch ausser Eldorado noch glückliche Leute, nur ich allein muß unglücklich seyn. Diesem Mägdgen und diesem Theatiner fehlet gewiß nichts, sie besitzen gewiß alles, was sie nur wünschen, ich wette was sie wollen, daß diese beyde recht glücklich sind. Und ich wette gleichfalls, was sie wollen, sagte Martin,

L 3　　　　daß

daß sie die Lehre des alten Weibes zu früh vergessen haben, und daß diese beyde Leute nicht glücklich sind; damit sie aber kein Geld verliehren, so bitten sie diese beyde zu Gaste, so können sie von ihnen selbsten zum sichersten erfahren, wer von uns beyden Unrecht habe.

Candide ging bald denen beyden vermeynten Glücklichen nach, er ließ sich mit ihnen in eine Unterredung ein; er wußte ihnen auf eine ganz artige Manier gelegentlich zu sagen, daß er in seinem kleinen Keller recht guten Montepulciano, Lacryma Christi, auch Chypre und Wein von Samos habe, und er versicherte, daß es ihm als einem Fremden um so vielmehr Ehre und Vergnügen seyn würde, wenn es ihnen gefällig wäre, in seinem Quartier mit einem Gerichte Italiänische Nudeln, Lombardische Rebhüner und einer Schüssel Stör-Rogen zu Mittage vorlieb zu nehmen. Die Demoiselle erröthete hiebey, der Theatiner nahm aber gleich die Parthie an; sie giengen mit einander fort, das Frauenzimmer sah Candiden zum öftern mit Aufmerksamkeit an, und mußte geschehen lassen, daß ihr einige Thränen in die Augen traten. Sie waren kaum im Zimmer, so sagte die Glückliche zu Candiden: Sie kennen

nen wohl gar Paquetten nicht mehr? Candide, so an nichts als Cunegonden dachte, hatte die Frauenzimmer bisher nur obenhin betrachtet, jetzt sahe er sie genau an, er erschrack. Wie, treffe ich sie hier, mein armes Kind, antwortete er; ich bedaure sie recht herzlich, ich weiß alle die schöne Umstände, worinn der Doctor Panglos von ihnen ist versetzt worden; sie sind würklich Paquette, wer hätte das denken sollen! Ja, ja, ich bin es selbst, ich bin Paquette, ich merke, sie wissen schon von allem, und ich habe gleichfalls das erstaunende Unglück des Hauses von Thunder-ten-tronckh und der schönen Cunegonde erfahren, ich schwehre ihnen aber zu, daß mein Schicksal nicht weniger grausam gewesen. Ich hatte meine Tugend schon damals verlohren, als sie noch in dem Schlosse zu Westphalen waren. Mein Beicht-Vater, ein Barfüsser-Mönch, verführte mich; die Folgen davon waren abscheulich, ich verstand es nicht, aber ich bedauere jetzo noch, daß der liebe Herr Panglos nicht lange darauf von mir unwissend angestochen worden. Als sie aber, Herr Candide, mit einigen Stössen vor dem Hintern das Schloß räumen mußten, nahm meine Krankheit dergestalt zu, daß ich gleichfalls in kurzen gezwungen wurde, von der erhabenen

Baroneßin Abschied zu nehmen. Hätte nicht ein berühmter Doctor mir beygestanden, so wäre ich schon längstens todt; diesem aber habe ich es zu danken, daß meine Gesundheit sich in einigen Wochen wieder herstellete, und ich wurde zur Erkänntlichkeit die Maitresse meines Arztes. Er war so heßlich als möglich; die Frau meines Liebhabers war mißtrauisch im höchsten Grad, ihr Mann und ich waren ihr verdächtig, sie war eine rechte Furie und prügelte mich fast täglich; ich war die allerunglücklichste von allen Creaturen, ich mußte den heßlichsten Menschen lieben, den ich nicht lieben konnte, und erhielt überdem noch seinetwegen alle Tage meine richtigen Schläge. Meine Frau empfand indessen gleichfalls, wie wenig es sich zusammen schicke, einen Medicum zum Manne zu haben, und sich hartnäckig, eigensinnig und mißtrauisch aufzuführen; sie bekam einen kleinen Catharr, ihr Mann gab ihr gleich mit einem Pulver die Hülfe, und seine Medicin war so würkend, daß sie in Zeit von zwey Stunden unter den heftigzen Convulsionen aus dieser Zeitlichkeit abreisete. Ihre Verwandten wollten dem Herrn Doctor einen Criminal-Proceß an den Hals werfen, er war aber so klug, und rettete sich
mit

mit der Flucht, und ich hingegen würde in das abscheulichste Gefängniß gesetzet. Nun war ich zwar unschuldig, wenigstens hatte ich die Frau Doctorin weder selbst vergeben, noch zu vergeben angerathen, meine Unschuld würde mir aber wenig geholfen haben, hätte ich nicht reitzend ausgesehen. Kurz, nach vielen ausgestandenen öffentlichen gerichtlichen Fragen verhörte mich endlich mein Richter alleine und sagte, wenn ich ihm erlauben wollte, die Stelle des Arztes in Zukunft bey mir zu vertreten, so sollte ich frey und unschuldig erklähret werden. Wer kann seinem Richter etwas abschlagen? Ich sagte: Ja. Ich hielt auch Wort, und sogleich wurde ich nicht nur frey gelassen, sondern die Verwandten meiner seeligen Frau, wurden noch dazu angehalten, mir eine schriftliche Ehrenerklärung zu geben, und meinen erlittenen Schimpf und Arrest und Versäumniß, nebst den Gerichts-Kosten in Patent-mäßigen Gelde zu bezahlen. Nunmehr war also der Herr Richter mein Liebhaber; er legte sich aber bald eine neue und schönere Gefangene zu, diese war eine Diebin; sie stahl ihm also ganz natürlicher Weise sein Herz und mir mein Brodt; ich wurde schleunig weggejaget, und sahe mich gezwungen, die verwünschte Lebens-Art

Art fortzusetzen, welche denen Manns-Personen für uns so reitzend dünket, und die gleichwohl nichts anders ist als eine unergründliche Tiefe unsers größten Jammers und marternden Elendes. Jetzt treibe ich das Handwerk hier, sie können es sich aber unmöglich vorstellen, was man empfindet, wenn man ohne der geringsten Zuneigung, wenn man nur lediglich sein Leben zu unterhalten, ohne den geringsten Unterschied, bald einen alten Kauffmann, bald einen Advocaten, bald einen Mönch, bald einen Gondolirer, bald einen Abt, und so durchgängig lieben muß. Allen Grobheiten und Schimpf und Muthwillen ist man beständig ausgesetzt. Wie oft habe ich mir nicht schon einen Rock borgen müssen, um selbigen von dem ekelhaftesten Menschen aufheben zu lassen. Oft stiehlt einem der eine, was der andere nicht längstens zu lösen gegeben, oft kommt man gar über diese Profeßion ins Gefängniß. Und gesetzt, ich wollte zu meiner Erquickung stets in die Zukunft sehen, meine ganze Aussicht, meine ganze künftige Hoffnung, worinn bestehet sie? In nichts angenehmern, als in einem schändlichen frühzeitigen Alter, in einem beständig folternden Gewissen, und in einem schmerzhaften Tode im Hospital, wo

nicht

nicht gar auf dem Mist-Haufen. Selbst nach meinem Tode wird mein Schimpf noch nicht aufhören, wenn die Feldscheers ihren Schülern meine angegangene Knochen zeigen, und die Ursache davon mit verbissenen Lachen lehren werden. Denken sie, mein Herr, ob ich nicht würklich die unglücklichste Person bin, die auf Erden lebet.

So schüttete Paquette, vor Candiden und Martin, ihr Herz im Kabinnette aus. Martin sagte: Halb hätte ich die Wette schon gewonnen, und ging in Speise-Saal zum Theatiner, dem Bruder Giroffel, welcher indessen zum bessern Appetit einige Tropfen von der berühmten Hallischen Tinctur im Burgunder-Wein genossen hatte.

Candide plauderte mit Paquetten noch immer weiter, er hielt ihr vor, er könne sie unmöglich für so unglücklich halten, als sie scheinen wollte, sie wäre gleichwohl ganz munter und lustig gewesen, als sie ihm begegnet, und sie hätte so gescherzt und gesungen, und den Theatiner so natürlich geliebkoset, als die glücklichste verliebteste Person nur immer scherzen, singen und liebkosen könnte. Ach wohl, mein Herr! antwortete Paquette, das ist eben das
blem-

blendende/ aber zugleich das schmerzhafteste bey meiner verdammten Handthierung; sie können leicht ermessen, wie viel Gewalt mein freundliches Gesichte, und mein gezwungener Scherz und Tanz mir gekostet; nur erst gestern bin ich bestohlen und von einem Officier geprügelt worden, und heute habe ich mich gleichwohl lustig und vergnügt stellen müssen, und warum? Um einem elenden Mönch zu gefallen.

Schon genug, sagte Candide, Martin hat recht. Sie setzten sich alle viere zu Tische, ihre Mahlzeit war ganz angenehm, sie scherzten in die Wette und wurden zuletzt ganz vertraut mit einander. Fast möchte ich sie beneiden, sagte Candide zu dem Mönch, sie sind gewiß der glücklichste von der Welt, sie sind in den schönsten Jahren, sie haben für nichts zu sorgen, sie sind vollkommen gesund, sie haben ein recht artig Kind zu ihrem Zeitvertreib, und aus ihren Augen liefet man überhaupt die Zufriedenheit und das vollkommenste Vergnügen über ihren Orden und Zustande.

Bey meiner Treu! sagte Bruder Giroffel, ich wollte, daß alle Theatiner im Grunde des Meeres wären; ich schwere ihnen zu, daß ich
schon

schon mehr als hundert mal das Kloster an¬
stecken und ein Türke werden wollen; so herz¬
lich freue ich mich über meinen Zustand. Der
Teufel muß meine Eltern geritten haben, mir
im funfzehenten Jahre diesen verwünschten
Rock anzuzwingen, damit mein ältester Bru¬
der desto mehr Geld zu versaufen und zu ver¬
spielen hat! In unserm ganzen Kloster empfin¬
den wir gleiches Elend; mit uns zugleich
wohnt in jeder Zelle die Mißgunst, der Neid
und die Zwietracht. Es ist zwar wahr, ich
halte zuweilen einige elende Predigten, die mir
ganz feines Geld einbringen; allein, um die
eine Hälfte bestiehlt mich der Prior, und wenn
ich von der andern Hälfte die Mägdgens be¬
zahlen will, so fehlt es gleichwohl aller Orten.
Den Kopf möchte ich mir gegen die Mauren
entzwey stossen, wenn ich alle Abend in mein
Gefängniß muß, und alle meine Kloster Brü¬
der sind nicht um ein Haar vergnügter, als
wie ich.

Hieben wandte sich Martin mit seiner ge¬
wöhnlichen Gelassenheit gegen Candiden und
frug, wer die Wette gewonnen hätte? Und
Candide sagte: Sind diese beyde Personen
bis hieher gleich nicht glücklich gewesen, so will
ich

ich doch sie nunmehr glücklich machen: Er gab gleich tausend Piasters dem Theatiner, an Paquetten aber zwey tausend Stück; und Martin zweifelte sehr, daß sie durch das Geld glücklich werden möchten, er sagte: Man könne es von allen Gärtnern hören, daß eine angefaulte Pflanze um desto eher ausginge, je mehr als sie begossen würde. Ey nun, es gehe dann wie es wolle, war Candidens Antwort, wenigstens sehe ich doch, wie wunderbar man zuweilen wieder Persohnen antrifft, wovon man es nimmer gedacht hätte; dis kann mich würklich recht trösten: Ich habe wider Vermuthen meinen rothen Hammel angetroffen; jetzt die Paquette, und noch länger zuvor den Doctor Panglos; ich habe also alle Hoffnung auch, Cunegonden wieder vorzufinden. Ich wünsche es ihnen, erwiederte Martin, aber ich zweifle auch noch sehr, ob sie mit ihrer Cunegonde auch ihr Glück machen werden. Sie sind auch sehr hart, versetzte Candide; und Martin antwortete: Was kann ich dafür, daß ich schon so lange in der Welt gelebet habe.

Was dünkt ihnen aber von diesen Gondolierern? Sehen sie einmal, wie vergnügt sie sind, sie singen in eins weg. Sie sollten sie nur zu Hause

Hause sehen, wenn sie bey ihren Weibern und bey ihren armen Kindern sind. Glauben sie nur, der Doge selbst hat so gut seinen Gram, als wie die Gondolirer; überhaupt betrachtet, ist zwar die Stelle des Doge vorzüglicher für die Stelle eines Gondolirers; ich halte aber gleichwol den Unterschied so geringe, daß es nicht einmal der Mühe werth ist, den Gram besser zu untersuchen.

Haben sie denn schon von dem Raths-Herren Pococurante gehört, der dort in dem schönen Pallast auf der Brenta wohnet, und der alle Fremden so ungemein liebreich aufnimmt und so herrlich bewirthen soll? Man sagt, der soll ein rechtes Glückskind seyn, er hat in seinem ganzen Leben noch nie eine einzige mißvergnügte Stunde gehabt. Das wäre wohl ein Wunder-Thier, sagte Martin, ein so rares Geschöpf wäre ich würklich neugierig zu sehen. Candide ließ sich sogleich mit Herr Martin auf den andern Tag bey ihm melden, und er erhielt die Antwort: Daß es Jhro Excellenz gar sehr angenehm seyn würde.

## Das 25 Capitel.

Candide und Martin statten bey Ihro Excellenz, dem Herrn Rathsherrn Pococurante ihren Besuch ab, welcher der allerglücklichste und zufriedenste Herr seyn soll.

Candide und Martin gingen in der Gondel auf der Brenta, und kamen nach dem Pallaſt von Ihro Venetianiſchen Excellenz Pococurante. Sein Garten war von einem treflichen Umfang; die marmornen Statuen fanden ſie unvergleichlich, und der Pallaſt war von der neueſten Baukunſt. Der Herr vom Hauſe, ſo in die ſechzig ging, war ſehr reich, er empfing unſere zwey neugierige ganz artig, er war bey ihrer Ankunft nicht im geringſten betreten, dis machte Candiden ganz beſtürzt, aber Martin gefiel es ungemein.

Zwo artige wohl gekleidete Mägdgens reichten ihnen Chocolade faſt lauter Schaum; ſie waren ſchön, angenehm und manierlich, und

und Candide konnte sich nicht enthalten sie zu loben. Ja, ja, sagte der Herr Pococurante, es sind ein paar ganz gute leidliche Dinger, ich nehme je zuweilen eine mit ins Bette, denn für die Damen aus der Stadt danke ich; ihre Buhlereyen, ihr Argwohn, ihr Lerm, ihr Zank, ihr wunderlich Naturell, ihre Spielereyen, ihr Hochmuth, ihr albernes Wesen, und die Possen von Sonnetts, so sie ordentlicher weise haben wollen, das alles ist nicht für mich, denn selbst diese Mägdgens fangen schon nach gerade an, mir lastig zu werden.

Ihro Excellenz liessen beyde Fremde, nach der Chocolade, ihre Bilder-Gallerie sehen, sie war durchgängig mit Meisterstücken behangen, und Candide frug gleich bey den beyden ersten Gemählden, wer sie verfertiget hätte? Diese zwey sind von Raphael, sagte Pococurante, ich habe sie aus Thorheit vor einigen Jahren sehr theuer eingekauft; man sagt, sie wären nicht schöner in ganz Italien, mir aber gefallen sie durchaus nicht, die Farben sind zu dunkel, das Licht und der Schatten sind nicht gehörig ausgedruckt, sie sind zu wenig erhaben, und ihre Kleider gleichen an nichts weniger als an Kleidern; kurz, man mag mir davon sagen, was man will, ich finde in diesen Gemählden nichts weniger als eine glückliche Nach-

M  ahmung

ahmung der Natur, und diese suche ich, gleichwohl aber finde ich sie nicht. Ich habe eine ganze Menge Schildereyen, aber mir eckelt, daß ich sie ansehen soll.

Es war noch nicht Zeit zur Tafel, der Herr Rathsherr ließ bis dahin ein Concert aufführen, und Candide fand die Musick ungemein gesetzt und eben so schön gespielet. Auf eine halbe Stunde geht so ein Lerm wohl an, sagte Pococurante, aber wenn es schon länger währet, so fällt das Gesiedele allen verdrießlich, ob es gleich nicht alle gestehen. Die jetzige Musick begehrt überdem lauter schwere Sachen, und was schwer ist in der Musick, kann seiner Natur nach, in der Länge nicht gefallen. Die Oper würde ich lieben, wenn man nicht das Kunst Stück erfunden, ein Ungeheuer daraus zu machen. Die musikalische Trauerspiele sind nicht meine Sache, da werden zwey oder drey läppische Stücke abgesungen, um die Kehle der theuer bezahlten Sängerin hören zu lassen; ein Paar verschnittene Kerls gehen auf dem Theater hin und her, und wissen nicht, wie sie sich zieren, drehen und wenden sollen, um den Cäsar oder Cato vorzustellen, und eben so unnatürlich ist der Rest. Mich können diese Possen nicht vergnügen, ob sie gleich in
Italien

Italien für die größte Zierde der Höfe, und bey vielen Monarchen für die nöthigste, obgleich kostbareste Besorgung, gehalten werden. Candide machte mit Bescheidenheit einige Einwürfe, Martin dachte aber eben so, wie der Rathsherr.

Sie setzten sich bald zur Tafel, der Tisch war sehr reich und schmackhaft besetzt, und nach Essens giengen sie in die Bibliotheck. Candide sah einen nett gebundenen Homerum, er lobte den Band und das Werk, und sagte: Das war ein rechter Leckerbißen für den großen Panglos, den größten Philosophen von Deutschland! Für mich ist es nicht so schmackhaft, antwortete Pococurante ganz kaltsinnig, man wollte mir zwar vordem einbilden, es müßte mich schlechterdings reitzen, wenn ich es läse; aber ich kann wohl sagen, die ewige sich stets gleichende Treffen; die nichts entscheidende Götter-Bemühungen; die Helene, die Ursache des Krieges, so man kaum im Ganzen recht gewahr wird; das Troja, so man belagert und nicht einnimmt; alle das Zeug hat mir eine unerträgliche lange Weile verursachet. Ich habe verschiedentlich einige Gelehrte gefragt: Ob es ihnen eben so zuwider wäre?

Und alle aufrichtige Leute haben mir gestanden, ihnen fiele dis Buch gleichfals aus den Händen; indeß müste man es doch als ein Stück vom Alterthum in der Bibliotheck haben, so, wie die verdorbene Medaillen, die im Handel und Wandel nicht zu nutzen wären.

Was denken aber Eure Excellenz vom Virgil? frug Candide. Das zweyte, das vierte und das sechste Buch ist trefflich; aber was seinen frommen Eneas, seinen Cloantes, seinen Freund Achates, seine bürgerliche Amata und abgeschmackte Lavinia betrifft, so glaube ich nicht, daß man was matters und unangenehmers lesen kann. Der Tasso und selbst Tausend und eine Nacht sind mir davor tausendmal angenehmer. Ich weiß zwar wohl, daß verschiedene Leute dis Buch noch jetziger Zeit für ein Oracul halten; ja, sogar gelehrte Geistliche glauben in selbigem eine recht wichtige und vor siebenzehn hundert Jahren eingetroffene Prophezeihung anzutreffen; aber ich weiß auch zugleich, daß es schon vor mehr als soviel Zeiten, Thoren gegeben hat und ferner geben wird

Darf ich mich unterstehen zu fragen, fuhr Candide fort, lesen Eure Excellenz nicht mit Vergnügen den Horatius? Er hat gute Maximen,

men, sagte Pococurante, ein Mensch, so in der Welt fort will, kann sie recht gut nutzen, und je bündiger seine Gedanken eingekleidet sind, desto leichter behält man die Verse im Gedächtniß; allein, seine Reise nach Brindes, seine gehaltene schlechte Mahlzeit, der niederträchtige Zank, zwischen, ich weiß nicht, was für einen Pupilus, wo die Worte des einen, wie er sagt, voll Eiter und des andern voll Weineßig sind, damit hätte er immer zu Hause bleiben können: Eben so zuwieder sind auch seine schlechte Verse gegen die Alten und gegen die Zauberer; auch sehe ich den Werth des Gedanken nicht ein, wenn er zu seinem Freund, dem Staats-Minister Mäcenas, sagt: Daß er die Sterne mit seiner erhabenen Stirne stossen würde, wenn er durch ihn unter den Lyrischen Dichtern versetzt worden, und wenn jemand in Tyrol läse, wie albern er vom Knoblauch schreibet, den doch selbst die älteste Zeiten seiner Tugend halber als eine Gottheit anbeteten; so würden die Tyroler gewiß sagen: Der Kerl ist nicht klug, oder er ist ein Narr. So gehts indessen, ein Schriftsteller, so einmal im Ansehen ist, findet stets Thoren, die ihn bewundern; ich lese aber nicht für die Welt, sondern für mich. Candide, so nicht erzogen war, selbst etwas zu beurtheilen, sondern nur andern nachzubeten, verwunderte sich ungemein über diese Gedanken, Martin aber fand diese Urtheile sehr richtig und vernünftig.

Aber hier sehe ich eine schöne Ausgabe vom Cicero; den großen Mann werden sie wohl gewiß nicht müde zu lesen? Den lese ich niemals, sagte der Venetianer; denn, was geht es mir an, ob er den Rabirius oder Cluentius vertheidiget, ich habe ohne ihm Processe genug durchzusehen; seine philosophische Schriften wären noch einiger maßen für mich gewesen; aber, da ich bald anfänglich sah, daß er von nichts gewiß war, so schloß ich, daß ich eben so klug wäre, als er, und daß ich, um unwissend zu bleiben, seiner ganz bequem entrathen könnte.

Hier finde ich 24 Bände von der Akademie der Wissenschaften, da stehen wohl schöne Sachen drein? Man würde freylich wohl was Gutes darinn antreffen, wenn ein einziger von den Verfassern nur eine neue Nadel-Fabrique, statt der vielen Schmiereyen gelehrt hätte, so aber sind in allen Bänden lauter leere Systemata, und von dem, was nützlich wäre, findet man nichts.

Sie haben hier auch einen schönen Vorrath von theatralischen Werken, sowohl von Englischen, Spanischen als Französischen! Ja antwortete der Rathsherr, es sind zusammen 3000 Stück, aber nicht 3 Dutzend, die was nutze sind; selbst die zehn Octav-Bände, so sie hier von Voltairen stehen sehen, sind größten Theils so wenig ausgearbeitet, daß es mir gar nicht wundert, warum sein Tempel des Geschmacks einer elenden Hütte gleichet; wenn ich zu selbigen eine Vorrede hätte schreiben sollen, so hätte ich mich nicht ein Haar anders aufgeführet als Maupertuis. Dis wundert mir aber, daß es selbst feine Köpfe giebt, die, ohne die Achseln zu zucken, seine Henriade für ein Meisterstück halten können. Ich wollte ihnen auch wohl, die hier neben stehende viele Predigten, und die grossen Bände theologischer Schriften zeigen, aber davon werden sie wohl selbst glauben, daß sie weder von mir, noch sonst von jemand so denken kann, in die Hände genommen werden, eine einzige Seite vom Seneca ist ungleich besser. Ich sprach vor einigen Jahren mit einem witzigen Kopfe über diese geistlichen Werke, und er sagte: Es sey eine Tollheit über solche Materien zu schreiben; und sie zu lesen; sey eine Raserey.

Er hielt dafür, es wäre sehr billig und vernünftig zu verbieten, daß über diese Sachen gar nicht geschrieben würde; denn die beste geistliche Abhandlung könnte höchstens zur elenden Copey des schönsten Originals der Bibel steigen; wer aber eine Copey dem Original vorzöge, der sey entweder kein Kenner, oder wahnwitzig; auch liesse es, als wenn man sich bey diesen Arbeiten das Ansehen geben wollte, sich zierlicher, ordentlicher, gründlicher, deutlicher, rührender, faßlicher und überhaupt besser ausdrücken zu können als der Schöpfer selbst; und Candide erstaunete.

O welch eine Anzahl Englischer Schriften! Das muß für einen Republikaner eine wahre Wollust seyn, so frey geschriebene Werke zu lesen! Allerdings, sagte Pocoeurante, es ist nichts schöners als so zu schreiben, wie man denkt, und dies ist das Vorrecht der Menschen; aber in unserm ganzen Italien und fast in allen Catholischen Landen schreibt man nichts anders, als was man nicht denkt. Es ist ein wahres Elend, daß die Bewohner vom Vaterlande der Cäsars und der Antonins sich an keinen einzigen Gedanken wagen, ohne zuvor die Erlaubniß von einem Jacobiten zu haben, und ich würde noch mehr mit der Englischen
Freyheit

Freyheit zufrieden seyn, wenn ihre Parthey-Lust und ihre Leidenschaften nicht alles wieder verdürben, was ihre Freyheit sonst schätzbares mit sich führet.

Candide wurde endlich den Milton gewahr, er frug: Ob Ihro Excellenz selbigen nicht für einen grossen Geist hielten? Wen? sagte Pococurante, den Barbaren, der in 10 Büchern Verse eine weitläuftige Auslegung über das erste Capitel in der Bibel geschrieben? Den ungeschickten Nachahmer der Griechen, der die ganze Schöpfung entstellt? Der statt der Schöpfung durch drey Worte, dem Meßias erst aus einem himmlischen Schranke einen Compas holen läßt, sein vorhabendes Werk recht behutsam zu zeichnen und zu gründen? Des Tasso ganze Hölle mit samt dem Teufel hat er verdorben; sein Lucifer wird bald zur Kröte, bald zum Pigmaen, wohl hundertmal läßt er ihn immer einerley schlechte Sachen sagen. Sein Satanas disputirt sogar über die Theologie, und endlich geht er gar so weit, daß er die scherzhafte Vorstellung mit den Schieß-Gewehren beym Arioste ernsthaft nachahmet, und mitten im Himmel die Teufel canoniren läßt, und den Menschen sollte ich hochschätzen? Weder mir, noch sonst jemanden in Italien,

haben

haben diese abgeschmackte Ausschweifungen gefallen, und wer seine Heyrath des Todes mit der Sünde, und die Niederkunft der Frau Sünde mit der Schlange lieset, und nur ein wenig eckel ist, der kann sich in der That des Brechens kaum enthalten. Kurz, dies undeutliche, tolle und elende Gedichte wurde durchgängig verachtet, als es nur des Tages Licht erblickte; und so, wie man es vom Anfang in seinem eigenen Vaterlande beurtheilet hat, so urtheile ich noch jetzt davon, und bin unbekümmert, ob andere anders denken, oder nicht. Ich sage, wie ich es meyne: Ein Gedichte, das vom Anfange seiner Geburt schlecht gewesen und nicht geändert ist, bleibt elend bis in Ewigkeit.

Die Bibliotheck hatte nunmehro die Musterung überstanden, und die Herrn giengen in den Garten; sie kamen bald in einen ungemein schattigen Spatziergang, die Wände desselben waren durch die Scheere trefflich gearbeitet; ihre Höhe war was seltenes, und sie stiessen oberwärts so ungezwungen zusammen, daß man nichts angenehmers als dies schöne grüne Gewölbe sehen konnte. Dergleichen habe ich noch nirgend angetroffen, sagte Candide. Ich glaube es wohl, antwortete der Ve-
netia-

netianer, ich muß es zu meiner eigenen Schande gestehen, man kann nicht einfältigers denken, als die Anlage dieses Ganges; denn, wenn ich nicht will, daß mich die Sonne im Sommer bescheinen soll, deren Glanz gleichwohl die ganze Natur erfreuet und Schönheit liefert, und wenn ich Lust zu frieren habe, so darf ich mich nur in meinen Eißkeller setzen; ich will mir aber diesen Herbst schon mehr Luft und mehr Licht verschaffen.

Candide hörete bald das angenehme Geräusch naher Spring-Brunnen, und er erstaunete, als er die mehreste das Wasser an 60 Schuh hoch, aus weiten Röhren werfen sahe. Sie wundern sich wohl, sagte der Rathsherr, daß ich dergleichen Spielereyen ohne Verdruß dulden kann? Allein, ich muß ihnen sagen, daß ich sie blos meiner kleinen Kinder halber habe anlegen lassen; denn der aufsteigende Thau und Nebel und der herunter fallende Regen ist allerdings für gesunde Augen die allerprächtigste Wasser-Kunst. Aus gleichen Ursachen werden sie über diese scheckigte Blumen-Beeten und umherstehende Puppen nicht empfindlich werden, auch habe ich die grüne Kugeln und Pyramiden und Zwerg-Bäume nur lediglich deßhalb stehen lassen, damit meine kleine Buben

ben besto leichter zu dem Obste und zu den Vogel-Nestern kommen können. Für Kinder ist dergleichen eine ungemeine Freude; wer aber schon denken kann, der findet an diesen Arbeiten nicht mehr Verstand und Vollkommenheit, als wenn ein Chirurgus sagte: Ich will durch meine Geschicklichkeit der Natur zu Hülfe kommen, und aus einem gesunden Menschen einen Krüppel machte; oder jemanden des Wohlstandes, oder Zieraths, oder neuen Schönheit halber, die Füsse, oder gar den Kopf, abschneiden wollte. Candide lobte noch mehr Schönheiten, aber Ihro Excellenz hatten stets was auszusetzen, und sagten zuletzt: Es sey im ganzen Garten nicht der geringste Geschmack, noch Schönheit, noch Ordnung, alles sey in selbigen verstellt, sowohl was man Natur, als was man Kunst nennet; er wolle aber, mit Gottes Hülfe, ihn in bevorstehenden Herbst ganz einreissen und ganz feiner anlegen lassen.

Nunmehr beurlaubten sich unsere zwey neugierige von Seiner Excellenz, und Candide sagte zu Martin: Das ist gewiß der glücklichste von allen Menschen, denn er ist über alles hinweg, so er besitzet. Den nennen sie glücklich? sagte Martin; haben sie denn nicht bey
jedem

jedem Worte gehöret, daß er für alles, was er besitzt, den größten Eckel hat, und davon hat Plato, wie mir deucht, schon vor viele hundert Jahren geschrieben, daß dergleichen Magen, so für alle Speisen einen Abscheu hätten, die allerelendesten wären. Ist es aber nicht auch eine Wollust, alles zu kritisiren, und an allem das fehlerhafteste zu entdecken, wo andre Leute nichts als Vollkommenheit gewahr werden? Und Martin antwortete: Wenn es eine Wollust ist, gar kein Vergnügen zu haben, so gebe ich ihnen Beyfall, sonst aber nicht. Nun so werde doch wenigstens ich glücklich seyn, wenn ich die schöne Baroneßin Cunegonde wieder sehen werde? Und Martin erwiederte: Sie thun wohl, wenn sie stets das Beste hoffen, denn zu genießen bekommt es niemand.

Es verstrichen immer mehr Tage und mehr Wochen, wer aber nicht kam, war Cacambo. Candide überließ sich diesfalls dergestalt seinen traurigen Gedanken, daß er nicht einmal dran gedacht hatte, wie weder Paquette, noch Bruder Giroffel wieder zu ihm gekommen, sich für die geschenkt erhaltene drey tausend Stück Piasters, zu bedanken.

Das

## Das 26 Capitel.

Cacambo kömmt endlich wieder in Venedig zu Candiden. Candide und Martin speisen in einer sehr raren Gesellschaft.

Als Candide einen Abend sich mit Martin und den übrigen Fremden im Gasthofe zu Tische setzen wollte; so umfasete ihn rückwärts ein Schweißfarbener Mensch, er zog ihn ein wenig an der Seite und sagte: Versäumen sie es nicht, halten sie sich fertig, mit uns zu reisen. Candide wandte sich um und sah, es war Cacambo. Nichts in der Welt konnte ihn ausser Cunegonden mehr erfreuen als diese Ankunft; er war ganz ausser sich für lebhaften Empfindungen, man hätte glauben sollen, daß er närrisch geworden, so war er durch und durch gerührt; er umarmete seinen werthesten Freund und drückte ihn fast halb todt und schrie: So ist doch endlich meine schöne Cunegonde angekommen! bring mich doch den Augen-

Augenblick zu ihr, liebster Cacambo! komm hurtig, bring mich zu ihr, daß ich für Freude mit ihr sterbe! Cunegonde ist nicht hier, antwortete Cacambo, Cunegonde ist in Constantinopel. Ach Himmel! In Constantinopel! Aber, wenn sie auch in China wäre, so muß ich zu ihr! komm, wir wollen den Augenblick abreisen. Das geht nicht an, sagte Cacambo, wir können nicht eher reisen als bis nach Tische, ich kann ihnen jetzt nichts weiter sagen, mein Herr wartet auf mich, ich bin Sclave, er geht gleich zur Tafel, ich muß ihm aufwarten. Lassen sie sich nichts merken, essen sie und halten sie sich fertig zur Abreise.

Jetzt konnte man mit Warheit von Candiden sagen, er war halb traurig und halb vergnügt, er freuete sich, seinen getreuen Agenten wieder zu Gesichte zu bekommen, er war niedergeschlagen, daß selbiger ein Sclave werden müssen, und wiederum hatte er die reitzende Vorstellung, seine Cunegonde in kurzen vorzufinden. Er wußte selbst nicht, was er zuerst denken und fühlen sollte, sein ganzes Herz war voll gepreßt, und so setzte er sich zu Tische. Martin hingegen behielt hiebey seine völlige Ruhe, und Beyde speiseten mit noch 6 Fremden,

den, die des Carnevals halber nach Venedig gekommen waren.

Cacambo wartete seinem Herrn auf, und als die Tafel bald aufgehoben werden sollte, goß er ihm zu trinken ein, und sagte ihm bey Ueberreichung des Glases: Ihro Majestät können reisen, sobald sie befehlen, das Schiff ist fertig; und Cacambo gieng aus dem Speise-Saale. Die Gäste geriethen hierüber in Verwunderung; einer sahe den andern an, und kein Mensch sprach ein Wort. Als bereits ein anderer Bedienter ins Zimmer trat und zu seinem Herrn sagte: Die Chaise von Ihro Majestät steht zu Padua, und die Barke ist besorgt. Der Herr gab ihm ein Zeichen mit dem Kopfe, und der Bediente gieng ab. Alle Anwesende sahen sich aufs neue an, und ihre Verwunderung wurde immer grösser. Bald kam ein dritter Bedienter und sagte zum dritten Herrn: Ihro Majestät können mir glauben, sie brauchen nicht länger hier zu bleiben; ich werde gleich alles veranstalten; und drauf gieng auch dieser Bedienter aus der Thüre.

Candide und Martin zweifelten nunmehr weiter nicht, daß Masquerade gespielt würde. Als ein vierter Bedienter kam und zum vierten Herrn sagte: Ihro Majestät können sobald reisen,

reisen, als sie befehlen. Gleich kam ein fünfter Bedienter und sagte seinem Herrn das nemliche. Der sechste Bediente kam auch, dieser sagte aber zu seinem Herrn: Ihro Majestät! Ich kann so wenig Credit mehr bekommen, als wie sie; wir stehen unserer Schulden halber alle beyde in Gefahr, daß man uns bey den Ohren nimmt. Sie werden es mir also zu Gnaden halten, daß ich für meine eigene Sicherheit sorge; und darauf verließ auch dieser Bediente das Zimmer, wie die vorigen.

Wie nun alle Bediente da gewesen und wieder fortgegangen waren, so sahen sich die Fremden einander wieder aufs neue an; alle schwiegen stille, und da es schien, als wenn keiner aus dem ganzen Handel klug werden konnte, so fing Candide endlich an und sagte: Das ist gewiß ganz spaßhaft, meine Herren! Aber, warum sind sie alle sechse Könige? Auf meinen und Herrn Martins Bedienten brauchen sie nicht zu warten, wir alle beyde sind nicht Könige.

Der Herr, bey welchem Cacambo dienete, fing hierauf ganz ernsthaft an zu reden: Ich bin nicht gewohnt zu baseliren, ich bin Achmet der Dritte, ich bin viele Jahre Groß-Sultan

Sultan gewesen; ich habe meinen Bruder vom Throne gestossen, und mein Vetter hat mir wieder den Thron genommen; meinen Veziers hat man die Köpfe abgehauen, und mich erhält man im alten Serrail. Zuweilen erlaubt der Groß-Sultan, daß ich meiner Gesundheit halber reisen darf, und so bin ich hieher gekommen, das Carneval in Venedig zu geniessen.

Ein junger Herr, so bey dem Achmet saß, nahm hierauf das Wort und sagte: Ich bin der Ivan, ich bin Käyser aller Reußen gewesen; in meiner Wiege wurde ich dethronisiret; meinen Vater und meine Mutter hat man eingesperret; man hat mich im Gefängniß erzogen, und zuweilen darf ich unter der Obsicht gewisser Personen auf Reisen gehen; bey solcher Gelegenheit bin ich hier eingetroffen, das Carneval zu sehen.

Der dritte sagte: Ich bin Carl Eduard, König von England. Mein Herr Vater hat mir die Rechte seines Königreichs abgetreten; ich habe geschlagen, um sie zu erhalten, aber man hat meine Leute dergestalt zusammen gehetzt, daß man an acht hundert das Herz aus dem Leibe gerissen; ich selbst habe gefangen sitzen müssen. Ich werde nach Rom gehen,

Ihro

### Die beste Welt.

Ihro Majeſtät, meinen Herrn Vater, zu beſuchen, welcher, gleich mir und meinem Herrn Groß-Vater, den Thron verlohren, und bey der Gelegenheit habe ich hier zu Venedig das Carneval beſuchen wollen.

Der vierte ſagte: Ich bin König von Pohlen, und das Schickſal des Krieges hat mich meiner Erb-Staaten beraubet; mein Vater hat nicht mehr Glück gehabt als ich. Ich überlaſſe mich der Vorſicht, gleich dem Sultan Achmet, dem Käyſer Ivan, und wie der König Carl Eduard, welchem Gott ein langes Leben verleihen wolle, und bin übrigens auch hergekommen, das Carneval zu Venedig zu genießen.

Darauf ſprach der fünfte: Ich bin auch König der Polacken, zweymal habe ich mein Königreich verlohren, der Himmel hat mir aber noch einen andern Staat gegeben, worin ich gewiß mehr Gutes gethan, als alle Könige der Sarmaten zuſammen je auf dem Boord der Weichſel ſtiften können, ich überlaſſe mich bey meinen Umſtänden der Vorſicht, und bin gekommen, das Carneval in Venedig zu beſuchen.

Nun war noch der ſechſte übrig, auch dieſer fing an zu ſprechen, auch dieſer war ein Monarch,

narch, aber er sprach aus einem ganz andern Thone: Meine Herren, sagte er, ich gleiche ihnen nicht an Macht, indessen bin ich sowohl König gewesen als irgend ein anderer. Ich bin Theodor, die Corsen erwehlten mich zu ihrem König, man nannte mich Ihro Majestät; jetzt nennet man mich kaum mein Herr; ich habe selbst Münze schlagen lassen, und jetzt besitze ich nicht einen Heller; ich habe zwey Staats-Secretairs gehabt, und den Augenblick hat mein letzter Bedienter von mir Abschied genommen, statt, daß ich zuvor auf dem Throne gesessen, habe ich nachgehends zu London lange Zeit im Gefängniße auf dem Stroh liegen müssen, und ich stehe ziemlich in Gefahr, das letztere Schicksal aufs neue hier zu erfahren, ob ich gleich, so wie sie, hergekommen bin, die Carnevals Lustbarkeiten hier in Venedig zu genießen.

Diese Erzehlung rührete die andern fünf Monarchen ungemein, und jeder von ihnen gab dem König Theodor zwanzig Ducaten, um sich Rock und Hemden kaufen zu können. Candide griff auch in die Tasche, er schenkte ihm einen Diamant von zwey tausend Zechins, und die fünf Könige frugen einander, wer muß doch die Privat-Person seyn, so im Stande ist,

hun-

hundert mal so viel als jeder von uns zu geben, und es auch würklich giebt?

Sogleich als von der Tafel aufgestanden ward, kamen noch vier Durchlauchtigkeiten in dem nehmlichen Wirthshause angefahren, so ebenmäßig ihre Staaten durch den Krieg verlohren hatten, und die noch übrige Carneval-Zeit in Venedig zubringen wollten. Candide gab sich aber nicht einmal die Mühe, sich nach selbigen umzusehen; Cunegonde war nur sein einziger Gedanke, und diese wollte er nunmehr in Constantinopel aufsuchen.

---

## Das 27 Capitel.

Candide reiset mit Herr Martin nach Constantinopel und trifft von ohngefehr auf der Galeere den Baron von Thunder-ten-tronckh und den Doctor Panglos.

Der treue Cacambo hatte es bereits bey dem Türkischen Schiffs-Patron dahin vermittelt, daß Candide und Martin zugleich mit dem Schiffe des Sultans Achmet nach Constantinopel reisen konnten, und nachdem beyde sich vor Jhro Erbarmenswürdigen Hoheit tief geneiget hatten, so giengen sie insgesamt nach dem Schiffe. Unterwegens sagte Candide zu Martin: Es ist doch gewiß ganz was besonders, daß wir die Ehre gehabt, in Gesellschaft von sechs dethronisirten Königen mit einander zu speisen, und wobey ich noch dazu dem einem ein Allmosen gereicht habe, und wer weiß, es mag wohl gar in der Welt noch mehr unglückliche Fürsten geben; ich habe dagegen doch nur hundert Hammel verlohren, wiewohl die waren mehr werth, als deren sechs Königreiche. Dagegen fliehe ich aber auch anjetzt in die Arme der schönen Cunegonde, und hiedurch wird mir alles mehr als zu reichlich wieder ersetzet. Gewiß, Herr Martin! ja ganz gewiß! Panglos hatte so unrecht nicht, es gehet in der That alles in der Welt zum allerbesten. Und Martin antwortete nichts weiter, als: Ich wünsche es. Aber, ich kann unsere Venetianische Begebenheit noch nicht vergessen, man wird es uns nicht glauben, wenn wir sie jemanden erzehlen wollten; ich wenigstens habe mein Tage dergleichen nicht einmal als ein Mährlein gehöret, denn wer kann es für wahrscheinlich halten, mit sechs Königen

ohne

ohne Thron in einem Wirthshause zugleich zu speisen, es ist gewiß was ausserordentliches! Ich, sagte Martin, ich finde nichts ausserordentlichers davon, als an den übrigen Begebenheiten, so uns vorgestoßen sind; denn, daß Könige abgesetzt werden, ist eine sehr alte bekannte Sache; und die Ehre mit ihnen gespeiset zu haben, ist ein solches Bagatell, so nicht der Mühe werth ist, von uns in Betracht gezogen zu werden. Sie besonders sollten dessen gar nicht erwehnen, denn wer so lange an der Königlichen Tafel zu Eldorado gegessen hat, vor dem müssen alle Fürstliche Gesellschaften nur Kleinigkeiten seyn.

Jetzt stiegen sie ein zum abfahren. Gleich fiel Candide seinem alten Bedienten, seinem Freund Cacambo um den Hals. Nun erzehle mir doch, wie es dir ergangen? Was macht denn Cunegonde? Ist es nicht wahr, sie bleibt stets ein Ausbund von Schönheit? Liebt sie mich noch getreu? Wie befindet sie sich? Du hast ihr doch ohne Zweifel einen recht sehr schönen Pallast in Constantinopel gekauft? Mir deucht, ich sehe schon in Gedanken, wie sie alle mögliche Anstalten macht, uns recht prächtig zu empfangen.

Mein lieber Herr! antwortete Cacambo, ich habe große Ursache an unserer prächtigen Aufnahme zu zweifeln. Warum denn? Hast du etwan in der Geschwindigkeit nicht einen prächtigen Pallast für sie bekommen können? Nein, das ist es wohl nicht. Weßhalb denn? Ist sie etwan durch die übersandten großen Reichthümer geitzig worden? Nein, das ist die Ursache auch nicht. Ey, so sage mir kurz und gut, woran es lieget! Cunegonde dient als Küchen-Magd, vielleicht stehet sie anjetzt am Propontide und schäuert die Schüsseln ihres Prinzen. Indessen hat ihr Herr nur wenig Küchen-Geräthe; es ist der alte Fürst Ragotsky, der alle Tage in seinem Elende nicht mehr als drey Thaler zu verzehren bekommt, bey dem ist Cunegonde Sclavin. Das übelste ist, sie hat ihre Schönheit verlohren, und ist abscheulich heßlich geworden. Das ist gleichviel, sagte Candide, sie sey schön oder heßlich, ich bin ein Mann von Parole, ich habe ihr einmal mein Wort gegeben, und deßhalb ist meine Schuldigkeit, sie stets zu lieben. Aber, sage mir, wie hat sie mit den fünf oder sechs Millionen, die du ihr brachtest, in so elende Umstände gerathen können? Das gefällt mir! antwortete Cacambo, habe ich nicht an Señor

## Die beste Welt. 201

Don Fernando d'Ibaraa, y Figueora, y Mascarenes, y Lampurdos, y Souza Gouverneur zu Buenos-Aires allein zwey Millionen für die Erlaubniß bezahlen müssen, die Demoiselle Cunegonde mitzunehmen? Und hat uns nicht der Seeräuber nachher den Rest abgenommen, und uns nach Maropan, Milo, Nicaire, Samos, den Dardanellen, Marmora und Scutari herum geschleppt? Nunmehro dienet Cunegonde mit der Alten bey dem Fürsten, wovon ich ihnen gesagt habe, und ich bin Sclave von dem abgesetzten Sultan. Welch eine Menge zusammen hangenden Unglücks! rief Candide, ich habe indeß noch einige Diamanten, und will die Demoiselle Cunegonde schon wieder auf freyen Fuß stellen. Es ist recht Schade, recht sehr Schade, daß sie so abscheulich heßlig geworden ist!

Aber, Herr Martin! was halten sie davon, wer ist wohl mehr zu beklagen, der Kayser Achmet, der Kayser Ivan, der König Carl Eduard, oder ich? Das weiß ich nicht, war Martins Antwort, ich müßte sonst meine Residenz in ihrer aller vier Herzen aufschlagen. Wäre nur Panglos hier, der würde es uns schon sagen und lehren! Ich möchte drum wissen, erwiederte Martin, mit was für einer Wagschaale

N 5 ihr

ihr Panglos, ihr verschiedenes Unglück, abwiegen, und eines jeden seinen Ertrag fest setzen wollte; ich vermuthe aber, daß es verschiedene Millionen Menschen giebt, die hundert mal mehr zu beklagen sind, als der König Carl Eduard, der Käyser Ivan, und der Sultan Achmet; und Candide sagte: Ja, das glaube ich wohl.

In wenig Tagen kamen sie auf dem Canal vom schwarzen Meere; hier kaufte Candide für sehr hohen Preis seinen Cacambo los, drauf warf er sich gleich mit seinen zwey Reise-Gefährten auf eine Galee, seine Cunegonde sonder Zeitverlust vorzufinden, sie möchte auch so heßlich seyn als sie immer wollte. Des Schiffs-Patron ward gleichfalls trefflich bezahlt, und er trieb daher seine Leute mit solcher Gewalt an, daß sie hätten stürzen mögen.

Zwey Knechte von den Ruderbänken, welche ziemlich schlecht arbeiteten, wurden besonders von Zeit zu Zeit mit einem Ochsenziemer über die bloßen Schultern gehauen. Dis gieng Candiden recht nahe, er näherte sich ihnen, und ihn jammerte ihrer um soviel mehr, da er merkte, daß sie nicht der Bosheit, oder Faulheit, sondern ihres Unvermögens halber gepeitschet wurden. Er philosophirte innerlich,

was

was doch wohl der zureichende Grund von ihrem Elende seyn möchte: Bald glaubte er, die Ursache wäre bey ihnen selber, bald bey andern anzutreffen. Endlich studirte er ihren Körper, ob er es nicht aus ihren Augen lesen könnte, und ihn dünkte, er fände in diesen beyden Gesichtern einige Züge sowohl von dem aufgehangenen Panglos als von dem unglücklichen durch ihn erstochenen Jesuiten, dem Herrn Baron, dem Bruder der schönen Cunegonde. Diese Einbildung machte ihn noch niedergeschlagener, er betrachtete sie daher noch immer eifriger, und sagte endlich zu Cacambo: Siehe einmal diese beyde Ruderknechte an! wenn ich nicht den größten Philosophen von Europa selbst hätte aufhangen sehen, und wenn ich nicht so unglücklich gewesen, den Herrn Obersten von Paraguai umzubringen, so wollte ich schweren, der eine sey Panglos, und der andere der Baron von Thunder-ten-tronckh.

Kaum höreten diese beyde Kerls den Nahmen des Philosophen und des Barons, als sie auch mit einst stille standen, ihre Ruderstangen aus den Händen fallen ließen, und ein ganz gewaltiges Geschrey anfingen, schnell aber lief auch der Levanti-Patron herbey, und hatte er sie zuvor tüchtig zerpeitscht, so zer-
peitschte

peitschte er sie anjetzt noch ungleich derber. Halt! halt! um des Himmels willen halt! schrie Candide, ich will ihnen für die beyden Leute soviel Geld bezahlen, als sie wollen. O heilige Jungfrau! rief gleich einer von diesen beyden Knechten: Das ist Herr Candide! Und gleich rief der andere auch: Ach ja, Herr Candide! ach ja, es ist würklich Herr Candide! Candide wußte selbst nicht, was er dazu sagen sollte; er wußte nicht, ob er träumete, oder wachte; er wurde fast ungewiß, ob er auf der Galee wäre. Wie ist mir denn! sprach er endlich, sind sie denn der Herr Baron, den ich ums Leben gebracht habe? Und sie, mein anderer Herr, sind sie denn in der That der Herr Panglos, den ich vor meinen Augen in Lissabon habe aufhengen sehen?

Ja, wir sind es selbst, wir sind es in der That selbst, antworteten sie. Martin erkundigte sich gleich, ob das der große Philosoph Panglos wäre? Candide antwortete aber nichts weiter, als ja. Denn Candide hatte nunmehr nöthigere Sachen zu besorgen und seinen Verstand anzustrengen, weil er gerne den Levanti-Patron bereden wollte, diese beyde Leute ihm käuflich zu überlassen. Er frug sofort den Herrn Patron: Wieviel Ranzion begehren

gehren sie für den Herrn von Thunder-tehtronckh? Er ist der größte Baron vom deutschen Reiche; und wieviel begehren sie für den Herrn Panglos? Er ist sicher der größte Philosoph von ganz Europa? Christen-Bestie! antwortete der Schiffs-Patron, die beyden Hunde von Knechten willst du? Der eine ist der größte Philosoph, und der andere der größte Baron! Dies sind ohnfehlbar in ihren Landen sehr wichtige und einträgliche Krieges-Bedienungen? Du sollst mir für beyde funfzig tausend Stück Zechins geben. Gut, ich will sie ihnen geben; mein Herr, bringen sie mich nur wie ein Blitz nach Constantinopel, da will ich ihnen das Geld sofort auf einem Brete baar bezahlen. Doch nein, bringen sie mich wie ein Blitz bey der Baroneßin Cunegonde. Sofort wurden beyde Sclaven ihrer Arbeit entlassen. Der Schiffsherr hatte gleich nach der ersten Abrede die Galee nach der Stadt gerichtet, und kein Vogel kann so schnell fliegen als fort gerudert wurde.

Wohl hundert mal und abermals hundert mal umarmete und küßte Candide bald den Herrn Baron, bald den Philosophen. Nun sprach alles unter einander, keiner ließ dem andern Zeit auszureden. Und ich habe sie also
nicht

nicht erstochen? Herr Baron! O das freuet mich ungemein, ich bitte tausend mal um Vergebung, und mein lieber Herr Panglos! Ach, mein liebster Herr Candide! wie können sie aber leben, da ich sie habe aufhangen sehen? Warum sind sie denn aber beyde auf die Galee geschmiedet worden? Ist denn meine Schwester hier würklich in der Nähe? Haben sie sich wohl zuweilen meiner Lehrsätze erinnert? Ach, könnte ich doch auch nur den ehrlichen Wiedertäufer Jacob aus der See wieder lebendig machen! Denken sie einmal, der Spitzbube, der Inquisitions-Verwandte! war das nicht eine rechte Canaille? Hierauf lehrete Candide dem Panglos, Herrn Martin und Cacambo kennen; und den Herrn Baron wieß er nur dem Herrn Martin. Nun wurde das reden und küssen immer stärker und inbrünstiger. Die Galee floh indeß immer über die Wasserwogen; jetzt kommen sie in Hafen, das Schiff stehet stille, und sie treten aus.

Ein Jude wurde gleich herbey gerufen. Candide verkaufte ihm für funfzig tausend Zechins einen Diamanten, der wenigstens hundert tausend werth war; aber der Jude schwur bey Abraham, daß er nicht mehr dafür geben könnte; und Candide gab gleich dies Geld,

Geld, ohne es anzurühren, für die beyde Hunde von Knechten. Nun wurden sie losgeschmiedet. Pangloß voll Erkänntlichkeit, warf sich vor seinem Erretter nieder, und netzte dessen Füße mit seinen Thränen. Der andere nickte ein wenig mit dem Kopfe und sagte: Ich werde ihnen das Geld bey erster Gelegenheit wieder zustellen. Aber, ist es möglich, daß meine Schwester hier in der Türkey seyn sollte? Nichts ist gewisser, sagte Cacambo, denn sie dient in hiesiger Gegend als Küchen-Mensch bey einem gleichfalls im Elende befindlichen Fürsten von Siebenbürgen. Bald wurden noch ein Paar Juden geholet und noch ein Paar Diamanten unter dem halben Werthe verkauft. Sie setzten sich hienechst wieder zusammen auf eine neue Galee und reiseten schleunig ab, das Meisterstück der Natur, die schöne Baroneßin Cunegonde zu befreyen.

## Das 28 Capitel.

Candide reiset noch weiter nach Cunegonden. Der Baron von Thunderten-tronckh und Panglos erzehlen, was ihnen in ihrer Abwesenheit begegnet ist.

Ich bitte tausendmal um Verzeihung sagte Candide zum Baron, nehmen sie es mir doch ja nicht übel, Ihro Hochwürden! daß ich ihnen zu Paraguai meinen Degen durch die Ribben gestossen. Wir wollen da gar nicht mehr daran gedenken, antwortete der Oberste, es ist alles vergessen und vergeben; denn ich muß gestehen, ich hatte selbst mit Schuld, ich war ein wenig gar zu hitzig; weil sie aber doch wissen wollen, wie ich auf die Galeere gekommen bin, so will ich es ihnen erzehlen: Da ich den Stoß von ihnen empfangen hatte, welchen sie für schlechterdings tödtlich gehalten, so curirte mich der Bruder Apothequer vom Collegio in einigen Wochen wieder. Bald darauf wurde ich von den Spaniern angefallen, und

ein

ein Partheygänger hob mich auf. Ich bath um Erlaubniß, nach Rom zum Pater General zurück zu kehren; aber ich mußte doch Gott danken, daß ich zum Prediger bey dem französischen Abgesandten nach Constantinopel ernannt wurde. Acht Tage hatte ich eben bey dem französischen Gesandten als Prediger gestanden, als ich von ohngefehr des Abends einem jungen Verschnittenen, aus dem türkischen Pallast, begegnete, welchem es recht sehr wohl ließ. Es war sehr heiß, der junge Mensch wollte sich baden, und ich nahm die Gelegenheit und badete mich mit ihm zugleich. Ich wußte nicht, daß für einen Christen die Lebensstrafe darauf stand, wenn er sich nackend mit einem nackenden Muselmann badete Ich erfuhr es aber bald, denn der Cadi ließ mir hundert Stockschläge auf die Fußsohlen geben, und mich hienedjst auf des Gesandten Vorbitte, aus besondern Gnaden, auf die Galeere schmieden; man kann in der That keine grössere Ungerechtigkeit in der Welt begehen. Aber, sagen sie mir doch die Ursache: Warum ist meine Schwester in der Küche bey einem Fürsten, der aus Siebenbürgen in die Türkey geflüchtet ist?

Candide that, als hätte er die letzte Frage nicht gehöret, und wandte sich zu Panglos und sagte: Aber, wie ist es möglich, daß ich sie wieder umarmen kann? Ich weiß alles, was sie sagen wollen, antwortete der große Philosoph, sie haben Recht, daß sie sich wundern: Sie wissen, ich mußte der Billigkeit und dem Gebrauch nach, verbrandt werden; nun erinnern sie sich des gewaltigen Regens, welcher eben einfiel, kein Holz konnte dabey Feuer fassen; da nun das Verbrennen nicht angieng, so that man, was man konnte, und hieng mich auf. Ein Feldscheer kaufte meinen Körper, ließ mich nach seinem Hause bringen; er schritt zu meiner Zergliederung, und gab mir gleich einen Creutz-Schnitt vom Nabel bis zum Brust-Beine. Man kann nicht schlechter aufgehangen werden, als ich gehenket war. Der Scharfrichter von der heiligen Inquisition, so zugleich das Amt als Unter-Diaconus hatte, verstand sich freylich ganz ungemein aufs verbrennen, aber aufzuhangen war er nicht gewohnt; der Faden war nicht rein, er glitschte also nicht, und er schlug den schlechten Knoten von der Welt. Kurz, ich holete noch Athem, und als ich den Creutz-Schnitt erhielt, so schrie ich so gewaltig, daß mein Chirurgus turgus zur Erde fiel und sich einbildete, er hätte den Teufel unter seinem Instrument gehabt; er hob sich endlich wieder in die Höhe, lief in größter Angst aus dem Zimmer, und war auf seiner Flucht noch dazu so unglücklich, die ganze Treppe hinunter zu fallen. Seine Frau kam über diesen Lerm aus der benachbarten Kammer herzugelaufen, sie sah mich mit meinen Creutz-Schnitt auf dem Tische ganz nackend ausgestreckt liegen, sie war noch furchtsamer als ihr Mann, sie eilete noch geschwinder zur Treppe als wie er, und fiel auf ihren noch auf der Erde liegenden Eheherrn, die Treppe gleichfalls hinunter. Als sie endlich sich alle beyde von ihrer Furcht und ihrem Schrecken ein wenig erholet hatten, so hörete ich, daß die Frau zu ihrem Manne sagte: Warum giebst du dich aber auch damit ab, einen Ketzer zu zergliedern; du hast ja oft genug gehöret, lieber Mann, daß diese Leute insgesamt den Teufel im Leibe haben, ich will geschwinde einen Priester holen, ihn zu beschweren. Das ist gewiß das sicherste Mittel, sonst können wir noch gar über den Satan unglücklich werden. Uber meinem ganzen Leibe lief der gewaltigste Schauer, als ich diesen Gedanken hörete; das geringste, so ich zu befürchten hatte, war der

Scheiterhaufen, ich nahm also meine wenige Kräfte zusammen und schrie, so gut ich konnte: Um Gottes willen, haben sie Barmherzigkeit mit mir! Dies Geschrey und bitten gab meinem Feldscheer sein verlohrnes Herze wieder; er kam zurück in die Stube, seine Frau begleitete ihn, er nehete meine Haut wieder zusammen, seine Ehegenoßin legte mit Hand an, und in 14 Tagen war ich bereits wieder auf den Beinen. Der Barbier brachte mich unter, er vermiethete mich als Laquey bey einem Maltheser-Ritter, so nach Venedig gieng, mein Herr hatte aber kein Geld, mich zu erhalten; drauf nahm ich Dienste bey einem Venetianischen Kaufmann und gieng mit ihm nach Constantinopel.

Hier fiel es mir einst ein, eine Moschee zu besehen, ich gieng in eine hinein, worinn ich weiter niemanden antraf als einen alten Iman und eine sehr schöne junge Geistliche, so ihr Gebeth verrichtete. Ihr Anzug war so reitzend als ihr Gesichte; das Ober-Kleid war dem Busem mit Fleiß zu kurz gemacht; ihren kleinen Fuß konnte man von vorne stets ganz sehen; die Taille war majestätisch, ihre Mienen blieben selbst bey der Andacht voll Hoheit, und mitten auf der prächtig gewölbten Brust,

recht

recht in der Tiefe, hatten sich Rosen, Anemonen, Ranunkeln, Hiazinten und Aurickuln zusammen geschlungen, welche bey jedem ihrer Seufzer, gleichwie ich, in eine starke Bewegung geriethen, und ehe ich es glaubte, wurde dieser schöne Strauß durch die aufgeschwollene Innbrunst aus seinem engen Raume gedrenget und fiel auf den Boden. Nichts deucht mir, war billiger, als daß ich ihn sogleich aufhob, voll Ehrfurcht überreichte ich ihn der Schönen, und da sie kein Kammer-Mägdgen und keinen Spiegel mitgenommen hatte, so wieß ich selbst jeder Blume ihren vorigen gehabten schönen Platz an; aber hiebey hielt ich mich so lange auf, daß dem alten Iman (welchen gleichwohl das Buquett nichts mehr angieng als mir) die Geduld ausriß. Er sahe, daß ich ein Christ war, und schrie um Wache; die Wache kam, man brachte mich zum Cadi; warte, sagte er, dir einäugigten Hund will ich den Kitzel vertreiben, und sofort ließ er mir auf die bloßen Fußsohlen hundert Latten-Hiebe geben und mich auf die Galeere bringen, ich wurde auf derselben Galeere und auf derselben Bank geschmiedet, worauf der Herr Baron gefesselt war. Unsere Gesellschaft auf unserer Bank bestand aus dreyzehen Personen, nemlich

lich der Herr Baron und ich, viel junge Leute aus Marseille, fünf Neapolitanische Priester und zwey Mönche aus Corfu; diese beyde letzteren waren mir recht tröstreich, denn sie sagten, daß sich dergleichen alle Tage zutrüge. Der Herr Baron und ich plauderten fleißig zusammen, er war aber so wunderlich, daß er glaubte, ihm sey grössere Gewalt geschehen als wie mir; ich behauptete stets das Gegentheil und sie können leicht sehen, wer von uns beyden Recht hatte; denn mir deucht, es ist ungleich eher erlaubt, einem Frauenzimmer ein entfallenes Puquett wieder an die Brust zu stechen, als sich mit einem jungen nackenden Verschnittenen nackend betreffen zu lassen. Wir haben beständig über diese Materie mit einander disputiret, und wir bekamen richtig alle Tage zwanzig Hiebe mit dem Ochsenziemer, bis der Zusammenhang der Dinge dieser Welt sie auf unsere Galeere brachte, und sie uns so liebreich los kauften.

Allein, sagte Candide zu Panglos, sie sind aufgehangen, zergliedert und zerprügelt worden, man hat sie auf die Galeere geschmiedet, sie haben täglich gerudert, und auch aus Liebe ein Auge und ein Ohr eingebüßet, was dünket ihnen nun von der besten Welt? Ich bleibe deshalb

halb doch noch immer bey meiner vorigen Meinung; denn, kurz um, ich bin ein Philosoph, und was der einmal behauptet hat, dabey bleibt er beständig. Leibnitz und Wolf müssen schlechterdings nicht Unrecht haben, und die zuvor bestimmte Harmonie, die Lehre vom vollen und vom leeren Raume, und der Satz von der feinen untheilbaren Materie, sind überdem die schönsten Sachen von der Welt.

## Das 29 Capitel.

Candide findet Cunegonden und die Alte wieder; er will Cunegonden heyrathen, ihr Bruder, der Herr Baron, will es nicht erlauben.

Candide, der Baron, Panglos, Martin und Cacambo unterhielten sich noch immer weiter mit ihren Geschichten; sie sprachen auch über die zufälligen und nicht zufälligen Begebenheiten dieser Welt; sie disputirten über die Würkungen und über die Ursachen; sie untersuchten

suchten das moralische und physikalische Uebel; sie stritten sich über die Freyheit und Nothwendigkeit; sie setzten den besten Trost feste, womit man sich in der Türkey auf den Galeeren stärken könnte; sie bestimmten endlich die ganze Natur aller würklichen und aller möglichen Dinge, und hierüber kamen sie am See Marmora. Dies war derselbe Ort, den Cacambo in Venedig Candiden genannt hatte; hier stand am Ufer der Meer-Enge das Haus des Fürsten von Siebenbürgen; hier standen auch Cunegonde und die Alte und beschäftigten sich, einige alte gewaschene Servietten, von Ihro Durchlauchtigkeit, auf den Linien zum trocknen zu hangen.

Bey diesem Anblick wurde der Herr Baron so bleich als eine Leiche. Unser zärtliche Liebhaber Candide wurde gleichfalls seine Göttin gewahr, braun und gelb war ihr Gesichte, ihre Augen trieften und waren roth; vom Busen war nur blos die schlaffe Haut zu sehen, unter welcher er gewohnt hatte; ihre Wangen waren voller Falten, und ihre Arme und Hände waren Feuerroth und schuppigt. Dreymal sprang Candide aus Entsetzen zurück; endlich gieng er doch an seine Schöne, sie küßte ihn, sie küßte ihren Bruder, die Alte wurde auch umar-

umarmet, und Candide kaufte Cunegonden mit samt der Alten los.

In der Nachbarschaft war eine kleine Meyerey, die Alte that den Vorschlag, selbige zu kaufen, um vor der Hand einen kleinen Aufenthalt zu haben, bis sich bessere Gelegenheit fände; Candide und Cunegonde ließen sich den Rath gefallen. Cunegonde wußte nicht, daß sie so gewaltig heßlich geworden, denn niemand hatte es ihr gesagt; sie wußte aber Candiden mit einem so heftigen Thone an sein Versprechen zu erinnern, daß er sich nicht unterstehen durfte, sein gegebenes Wort zurück zu ziehen, und er eröfnete deshalb dem Herrn Baron, daß er sich nunmehr mit seiner Baroneßin Schwester vermählen würde. Eine solche Niederträchtigkeit von meiner Schwester, sagte der Baron, und eine solche Unverschämtheit von ihrer Seite, Herr Candide, werde ich in Ewigkeit nicht leiden! die Infamie soll mir niemand vorwerfen, daß meiner Schwester Kinder nicht Stiftsmäßig wären! Einen Reichs-Baron soll meine Schwester heyrathen, und nimmermehr einen andern. Cunegonde warf sich zu ihres Bruders Füßen, sie küßte, sie seufzete, sie bath, sie weinete, alles aber war vergeblich, der Herr Baron blieb unerbittlich Kerl, bist du ein Narr! sagte endlich Candide zum Baron, dich Hund, habe ich von den Galeeren losgeschmiedet, ich habe für dich und Cunegonden die

Ranzion bezahlt, deine Schwester mußte hier Tellern aufwaschen, sie ist so heßlich als möglich, du solltest noch dem Himmel dancken, daß ich ihr die Ehre erweisen und sie heyrathen will; und du unterstehst dich noch, dich hierunter zu wiedersetzen! Der Teufel soll dir den Hals brechen, sprich nicht recht viel, oder ich stoße dich noch einmal über den Haufen, daß dich gewiß kein Apothequer wieder curiren soll! Ich bin in deiner Gewalt, antwortete der Baron, niederstoßen kannst du mich, aber so lange als ich lebe, wirst du nimmer die Erlaubniß von mir erhalten, meine Baroneßin Schwester heyrathen zu dürfen.

## Das 30 Capitel.

Candide heyrathet Cunegonden, dem Baron von Thunder-ten-tronckh zum Trotze. Der Herr Baron wird auf die Galeere wieder zurück geschickt. Die übrigen lernen am Ende, was sie vom Anfang hätten wissen sollen. Das Buch ist aus.

Candide hatte nichts weniger im Sinne als Cunegonden zu heyrathen; aber, da ihr Bruder sich auf die unverschämteste Art diesem vergeblichen Entschlusse wiedersetzte, und Cunegonde von Candiden die Erfüllung seiner Parole schlechterdings haben wollte, so hielt er diesfalls eine geheime Berathschlagung mit dem Doctor Panglos, Herr Martin und Cacambo.

Panglos setzte gleich eine schöne Schrift auf, er bewieß, daß der Herr Baron über seine Schwester keine Gewalt hätte, und daß die gnädige Baroneßin Cunegonde, nach allen Reichs-Gesetzen, sich füglich Candiden zur linken Hand antrauen lassen könnte.

Der Spruch von Martin lief da hinaus: Weil man aus allen Reden und Thaten des Herrn Barons von Thunder-ten-tronckh deutlich abnehmen könnte, daß selbiger toll wäre; so sey sowohl ihm selber, als der ganzen Freyherrlichen Familie zum Besten gerathen, wenn er sofort im Meere ersäuft würde; wonechst der Herr Candide thun könnte, was ihm belieben würde. V. R. w.

Cacambo aber votirte: Man solle den Baron an den Levanti-Patron wieder zurück geben, und mit dem ersten Schiffe zum Pater-General nach Rom senden. Diese letzte Meinung wurde beliebt, die Alte fand diesen Spruch ebenmäßig zum billigsten und zum vernünftigsten. Cunegonde bekam nichts davon zu erfahren, die Sache wurde durch wenig Geld in Ordnung gebracht, und man lachte recht herzlich, daß man das Vergnügen geniessen

niessen würde, einen Jesuiten anzuführen, und den übertriebenen Hochmuth des deutschen Herrn Barons zu bestrafen, und der Herr Baron wurde vor der Hand im Keller eingesperret.

Nunmehr wurde das Beylager von Candiden und Cunegonden gehalten. Zwey Philosophen, der kluge Cacambo und die Alte, waren seine Zeugen, seine Gäste und sein Hof-Staat. Candide hatte aus dem Vaterlande der Incas schöne und viele Diamanten mitgebracht; man kann also leicht denken, daß er mit samt seiner Gemahlin und seinen Leuten sehr prächtig und sehr vergnügt lebte; allein, nichts weniger. Die Juden hatten ihn um alle seine Juwelen betrogen, und sein ganzer großer Reichthum blieb seine Meyerey. Seine Frau wurde alle Tage mehr heßlich, zänkisch und unerträglich. Die Alte wurde täglich schwächer und noch verdrießlicher als Cunegonde. Cacambo, so täglich im Garten arbeitete, und die gewonnene Früchte nach Constantinopel zum Verkauf trug, verwünschte stündlich sein elendes Schicksal. Und Panglos, der Philosoph, wollte sich alle Minuten zu Tode ärgern, daß ihm anjetzt alle Gelegenheit benommen wäre, seine Stärke auf einer deutschen Akademie sehen zu lassen. Nur Martin blieb ganz gelassen, weil er fast dafür hielt, daß alle Menschen an allen Orten gleich elend wären.

Candide, Martin und Panglos disputirten öfters aus der Metaphysick und über verschiedene Sätze aus der Moral, und wenn sie sich satt disputiret hatten, so legten sie sich ins Fenster und belustigten sich an den Schiffen, so sie vorüber fahren sahen. Alle Schiffe mußten unter ihren Festern dichte vorbey. Oft sahen sie Schiffe mit Effendis und Bassas und Cadis beladen, so nach Mytilene und Erzerum und Lemnos ins Elend geschickt wurden; bald sahen sie wieder andere Cadis und Bassas und Effendis ankommen, so wider die Stellen der vorigen annahmen, und nicht lange darauf auch denen erstern wieder folgeten und wieder andern neuen Herren Platz machten. Auch wurden öfters bloße Menschen-Köpfe, so sauber eingepackt waren, vorbey geschiffet, um der hohen Pforte überreicht zu werden. Diese verschiedene Auftritte gäben immer wieder neus Gelegenheit zu neuen Disputen, und wenn sie sich nicht stritten, so war auch eine so verdrießliche lange Weile unter ihnen, daß sogar einstens die Alte sagte: Ich möchte in der That wohl wissen, was ärger sey, hundert mal von den schwarzen See-Räubern genothzüchtiget zu werden; sich einen Hinterbacken ausschneiden zu lassen; bey den Bulgaren Spieß-Ruthen zu laufen; im Auto-da-fe gepeitschet zu seyn; aufgehangen zu werden, ohne zu sterben; lebendig die Zergliederung eines Barbiers

biers auszuhalten; sich auf den Galeeren als Ruder-Knecht zu befinden; kurz, alles Elend auszustehen, was wir ausgestanden haben, oder ob es nicht vielmehr ärger sey, unser ganzes Leben in einer beständigen Muse allhier zuzubringen? Und Candide sagte: Das ist in der That eine sehr wichtige und schwer zu entscheidende Frage.

Diese Frage gab zu neuen Betrachtungen neue Gelegenheit. Martin behauptete, es gäbe für die Menschen nur einen zwiefachen Zustand; entweder, man müßte in beständigen Convulsionen von Unruhe leben, oder man müsse sich in einer Schlafsucht von langer Weile begraben. Candide war anderer Meinung, aber er bestimmte nichts. Und Panglos sagte: Er hätte von Jugend auf gewaltig viel erlitten; aber, da er es einmal überstanden, und stets behauptet hätte, daß alles in der Welt zum Besten gienge, so würde er auch bis an sein Ende bey seiner Meinung beharren.

Einst trug sich etwas zu, so Herr Martin in seinen schändlichen Lehrsätzen noch mehr als jemals stärkte, und worüber Candide sehr zweifelhaft, und Panglos in grosse Verlegenheit gesetzt wurde. Die ganze Gesellschaft lag im Fenster, und Paquette und Bruder Giroffel kamen angeschifft und befanden sich im äussersten Elende; sie hatten die von Candiden geschenkt

schenkt erhaltene drey tausend Stück Piasters in aller Geschwindigkeit verzehret, sie hatten sich beyde getrennet, auch wieder verglichen und wieder überworfen, und waren ins Gefängniß gesetzet, aus dem Gefängnisse waren sie wieder entflohen, und Bruder Giroffel hatte nunmehro gethan, was er schon vorlängst in Venedig willens war; der Pater Giroffel war ein Türk geworden; Paquette trieb noch ihr Handwerk aller Orten, aber sie konnte dadurch nichts mehr vor sich bringen.

Da sehen sie nun, was ich lange vorher gesagt habe, sprach Martin zu Candiden, ist ihr Geschenk nicht bald durchgebracht worden? Und ist es nicht andem, daß sie diese beyde Personen eben dadurch noch unglücklicher gemacht haben? Mein Schluß konnte mir damals unmöglich fehlen, ich sahe es gleich an ihnen selbst, denn sie und ihr Cacambo haben viele Millionen Piasters durchgebracht, und sind nicht um ein Haar glücklicher als Bruder Giroffel und Paquette.

Panglos unterbrach diese Betrachtung. Mein armes Kind! sagte er zu Paquetten, wie führt sie dann der Himmel noch gar hieher? Sie sind mir theuer zu stehen kommen: Sehen sie wohl, sie haben mir die Spitze von meiner Nase, ein Auge und ein Ohr gekostet! so geht es in der Welt. Diese neue Begebenheit gab ihnen noch mehr Stoff zu philosophiren als jemals, und nur ein berühmter Dervis war Schuld daran, daß ihnen endlich einmal ihre blinde Augen geöfnet wurden. Dieser Dervis war der größte Philosoph in der Türken, sie giengen insgesamt zu ihm, seine Lehren anzuhören. Panglos führte das Wort und sagte: Lieber Herr! wir kommen anzufragen, wozu das närrische Thier, der Mensch, in der Welt geschaffen worden?

Womit giebst du dich doch ab? antwortete der Dervis, das ist im geringsten deine Sache nicht. Aber, ihr Hochwürden! es ist auf Erden gewaltig viel Uebel, sagte Candide. Was ist da weiter daran versehen, ob Uebel oder Gutes darauf sey! ich versichere dich, wenn die Durchlauchtige Pforte ein Schiff nach Eqypten schickt, so ist sie nicht in der geringsten Verlegenheit, wie sich die etwanige Mäuse in selbigen befinden möchten. Wie hat man sich aber zu verhalten bey solchen Umständen? frug Panglos, und die Antwort war: Gelassen seyn. Ey! fuhr Panglos fort, ich glaubte, mich mit ihnen ein wenig über die Würkungen und Ursachen, über die beste von allen möglichen Welten, über den Ursprung des Bösen, über die Natur der Seele, und über die zuvor bestimmte Harmonie zu unterhalten! Thoren seyd ihr, wenn ihr durch die Streitfragen über diese Dinge glücklich zu werden gedenket; ihr fürchtet euch für Mangel

## Die beste Welt.

gel des Guten, schaffet nur die Laster und die lange Weile ab. Ehe ihr noch nach Hause kommt, so soll euch mein Bruder begegnen, der ist für euch insgesamt der beste Arzt. Darauf verschloß sich der Dervis und die Gesellschaft kehrete wieder zurück.

Bald breitete sich die Zeitung aus, daß man zu Constantinopel zwey Veziers von der Bank und den Mufti stranguliret, und verschiedenen ihrer Freunde die Köpfe abgeschlagen hätte. Diese Neuigkeit gab wieder was zu plaudern, und sie sahen endlich einen ehrwürdigen Alten, er saß vor seiner Thüre unter einer Hütte von Pomeranzen-Bäumen, der kühlen Luft zu genießen. Panglos, der eben so gerne Neuigkeiten wissen als disputiren mochte, frug ihn sogleich, wie der Mufti hiesse, den man stranguliret hätte? Das weiß ich nicht, versetzte der brave Mann, ich habe in meinem Leben noch keinen Namen von irgend einem Mufti, oder einem Vezier gewußt, ich weiß auch nicht, was sie damit sagen wollen, ich weiß aber, daß man mich gelehret, wie überhaupt diejenige, so sich in öffentliche Geschäfte mengen, ohne in öffentlichen Aemtern zu stehen, öfters elend umkommen, und das sollen sie auch werth seyn. Ich erkundige mich daher nie, was in Constantinopel vorgehet; ich brauche nur Constantinopel, um daselbst die Früchte zu verkaufen, die ich in meinem Garten gewinne; darauf nö-

P thigte

thigte sie der Alte in sein Haus zu treten.
Candide, Panglos und Martin ließen sich nicht
lange bitten, sie giengen zu dem Alten hinein,
und seine zwey Töchter und zwey Söhne brach-
ten ihnen gleich verschiedene angenehme süße
Getränke, so sie selbst gemacht hatten, wonechst
die Kinder diesen Gästen recht schönen Kai-
mack mit Ceder, rechte schöne Orangen, Citronen, Limonien, Ananas, Pistanen und Caffee
von Mocka vorsetzten, worunter nicht eine einzige falsche Bohne aus Batavia gemischt war,
und da sie gegessen und getrunken hatten, so
schritten die Töchter des Muselmannes zur
höchsten Ehre und durchräucherten den Barth
von Candiden, von Martin und von Panglos.

Sie haben hier ohnfehlbar sehr große, weit-
läustige Güther? sagte Candide zu diesem Türken, und der Türke antwortete: Mein ganz
Vermögen bestehet in zwanzig Morgen Land,
diese bearbeite ich beständig mit meinen Kindern, und die Arbeit entfernet von uns die drey
allergrößten Uebel, nemlich das Laster, den
Mangel und die lange Weile.

An diesen Reden erkannten sie, daß dieser
Mann der Arzt wäre, welchen der Dervis ih-
nen versprochen hatte. Sie dankten dem Al-
ten und seinen Kindern, sowohl für die erzeigte
Höflichkeit, als für die ertheilte gründliche Leh-
ren, und giengen zurück nach ihrer Meyerey.
Candide durchdachte alle Worte des würdigen
Alten,

Alten, und sagte zu Martin und Panglos: In der That, das Schickſal unſers Arztes, ſcheinet mir weit vorzüglicher, als das Schickſal der ſämtlichen ſechs Könige, mit denen ich und Martin die Ehre gehabt, zu ſpeiſen! Freylich, antwortete Panglos, freylich ſind die hohen Stände mit vieler Gefahr begleitet! Die Philoſophen und Könige beweiſen dieſes durch alle Jahrhunderte; ſo bin ich aufgehangen worden; ſo mußte Socrates den Gifft-Becher nehmen; ſo blutete ſich Seneca zu tode; ſo verlohr Cicero den Kopf durch den Popillius und Herennius; ſo wurde der Leib Philoſoph, der Gemahlin des Königes Wenceslai, Johannes Nepomuc, erſäuft; und der Philoſoph Emmeranus, ſo in Regenſpurg begraben liegt, mußte ſich gar die Augen ausreiſſen, die Ohren, die Naſe, und Hände und Füße abhauen laſſen, und lediglich darum, weil er die Fürſtliche Familie des Herzogs von Bayern, Theodo des Fünften, nach Auſſage ſeiner Prinzeßin Utha Tochter, erweitert hatte. Denen Königen gehet es nichts beſſer; Eglon wurde umgebracht durch Aod; Abſolon, der an ſeinen eigenen Haaren hangen blieb, ſtarb durch drey Spieße; der Sohn Jerobeam, der König Nadab, wurde getödtet von Naza; der König Ela durch Zambri; Joſia durch die Schützen Necho; Ahaſia durch Jehu; Athalia durch Jojada; und die Könige Joackim, Jeconias

und

und Zedekias mußten in die Sclaverey. Sie wissen das Schicksal vom Cräsus, und wie es dem Astyages, Darius, Dionysius von Syracus, dem Pyrrhus, Perseus, Hannibal, Jugurtha, Arioveus, Cäsar, Pompejus, Nero, Otto, Vitellius, Domitianus, Richard dem Zweyten von Engelland, Eduard dem Zweyten, Heinrich dem Sechsten, Richard dem Dritten, der Maria Stuard, Carl dem ersten, denen drey Heinrichs von Frankreich, und dem Käyser Heinrich dem Vierten ergangen ist. Sie wissen . . . . . . . . Ja, ich weiß auch noch etwas, sagte Candide, das ist, wir müssen unsern Garten bearbeiten. Sie haben recht, erwiederte Panglos, denn als der erste Mensch im Garten Eden gesetzt wurde, so dauerte es nicht lange, er erhielt bald Befehl, das Land zu bauen, und einfolglich ist der Mensch nicht zum Müßiggang erschaffen worden, und Martin sagte: Lasset uns arbeiten! das ist klüger als zu moralisiren, und dies ist auch das einzige Mittel des Menschen, sein Leben erträglich zu machen.

Die ganz kleine Gesellschaft schritt nunmehro zur Erfüllnng ihres gefaßten Entschlusses, jeder zeigte seine Fähigkeit und ihr kleiner Boden machte ihnen zum künftigen reichlichen Ertrag, viele Hoffnung. Cunegonde war zwar sehr heßlich, aber sie war trefflich im Backwerk. Paquette zeigete, daß sie gut
sticken

sticken gelernet hatte. Die Alte nahm sich der Wäsche an, alle wurden nützlich und gut, selbst der Pater Giroffel wurde ein würdiger Mensch, und vertrat den Haus-Tischler; nur Panglos, welcher nichts als plaudern gelernet hatte, blieb vor der Hand unnütz, er wurde indessen vorläufig zum Hofmeister der künftigen Candideschen kleinen Familie ernannt, und hierüber sagte er vor Freuden: Wie wunderbar sind doch alle Dinge in der besten Welt mit einander verbunden! Denn, liebster Candide, wenn sie nicht mit vielen Fuß-Stößen vor den Hintern, aus Liebe zu Cunegonden, aus dem schönen Schloße gestossen worden; wenn sie nicht wären vor der Inquisition gewesen; wenn sie nicht in America herum gelaufen hätten, wenn sie nicht dem Herrn Baron ihren Degen durch die Ribben gestossen; wenn sie nicht alle ihre Hammel aus Eldorado verlohren hätten; und wenn ich nicht die Spitze meiner Nase, ein Auge und ein Ohr verlohren und lebendig zergliedert worden; so würden sie hier weder Pistacien, noch eingemachte Citronen, noch Ananas essen. Und ich würde alsdann auch gewiß nicht den Aristoteles ihrer künftigen Familie abgegeben haben. O wie groß ist ihr Glück! möchte doch ihr Abstamm hurtig aus dem Reiche der Möglichkeiten in das Land der Würklichkeit versetzt werden, was werden nicht noch dereinst durch mich für große Welt-Weisen aus ihren Landen entspringen.

So eben ließ der Levanti-Patron melden, daß er abreisen wollte. Cunegonden war eingebildet worden, daß ihr Bruder aus Verdruß heimlich vor der Heyrath abgereiset wäre, und sie erschrack daher nicht wenig, als der Herr Baron aus ihrem untersten Keller gebunden hervor geführet, und dem Levanti-Patron überliefert wurde. Man entdeckte ihm nunmehro die vollzogene Vermählung, der Herr Baron fluchte und lermte über die Niederträchtigkeit seiner Schwester, und verschwor sich höchlich, daß er diese Heyrath zu Rom für null und nichtig erklähren lassen wollte. Candide bezahlte den Schiffs-Capitain und dieser sagte: Ich gedenke den tollen Menschen unterwegens schon wieder zum Verstande zu bringen. Die ganze Gesellschaft beschenkte den Baron, der eine gab ihm Geld, der andere Kleidung und Wäsche, ein anderer Obst und Sorbetts und Speise; Martin aber hatte nichts in Besitz als die Geschichte des Herrn Candiden und des Frey-Herrn von Thunder-ten-tronckh, so er bis auf die Abreise des Herrn Barons treulich verzeichnet hatte, er kam also auch herzugelaufen und sagte zum Herrn Baron: Ich wünsche ihnen gleichfalls wohl zu leben! Und weil die Türken so politisch sind, keine Buchdruckereyen, zur

Ver-

Vervielfältigung des Verdienstes, zu dulden, so schenke ich ihnen hiemit, diese von mir niedergeschriebene Geschichte, ihrer Familie, welche sie in Europa gar leicht werden versilbern können.

Der Herr Baron betrat endlich mit dem größten Verdruß sein Fahrzeug. Der Levanti-Patron seegelte nach Spanien. Und Candide sagte zu seinem Hof-Staat: Lasset uns unser Glück besorgen, in Garten gehen und arbeiten.

Register

## Register, oder Innhalt der Capitel.

### 1.
#### Gellert.

Der Liebe reizendes Entzücken
Kann uns auf tausend Art berücken,
Und säh es wie die Freundschaft aus,
Die Liebe macht ein Garn daraus.

### 2.
#### Gellert.

Denn, was die Leute auch nur sagen,
Die diesem Stand nicht günstig sind,
So ward doch mancher Mutter Kind
Von einem Herrn oft klug geschlagen.
Der Troß der Scherpe, die er trug,
Nicht weiser war, als der, den er vernünftig
      schlug.

3. Ueber-

## Innhalt der Capitel.

**3.**

**Uebersetzer.**

Der Anschein kann uns oft zum falschen
Schluß bewegen,
Der Christ und Helden-Muth sitzt nicht im
Rock und Degen.

**4.**

**Gellert.**

Sie aber, die gelehrt, sich aller Thorheit schämen,
Begehn die That, die sie uns übel nehmen,
Aus Tugend, eher nicht, als bis wir es nicht
sehn.

**5.**

**Uebersetzer.**

Du siehst des Abends nicht des Morgens Folgen ein,
Wie soll dir dann der Grund von allen sicht-
bar, seyn?

**6.**

**Uebersetzer.**

Den Pfaffen kann kein Dieb des Reichthums
Quellen rauben,
Der Dieb stiehlt nur das Geld, und nie den
Aberglauben.

7. Ueber-

Register, oder

### 7.
#### Uebersetzer.
Kein Unglück ist zu groß, das Glück ist nie zu klein,
Ein jedes kann der Grund zum mächtgen Wechsel seyn.

### 8.
#### Uebersetzer.
Soll sich ein Bösewicht mit dir recht fest verbinden?
Wie, oder soll dein Freund der wahre Christe seyn?
In diesem letzten Fall, mach dich von Sünden rein;
Und in dem ersten Fall, begehe gleiche Sünden.

### 9.
#### Uebersetzer.
Wer nur ein Laster liebt, der ist von keinem frey,
An Diebstahl gränzt der Mord, am Mord die Hurerey.

### 10.
#### Uebersetzer.
Das ungerechte Guth läßt sich gar leicht erwerben,

Doch

## Innhalt der Capitel.

Doch schwerlich fällt dies Guth auf unsern
dritten Erben.

### 11.
### Uebersetzer.

Sehr thöricht wünschst du stets, mehr Grösse
zu erreichen,
Denn seltner trift der Blitz den Zwerg-Baum
als die Eichen.

### 12.
### Uebersetzer.

Das Unvermögen giebt dem Menschen keine
Tugend,
Wer schwach noch Böses will, gleicht schwach
der bösen Jugend.

### 13.
### Uebersetzer.

Ein Stamm-Baum von viel hundert Jahren
Geht im Beweise selten höher,
Als daß die lieben Eltern eher,
Wie ihre lieben Kinder waren.

### 14.
### Uebersetzer.

Die Kunst die Bibel zu erklähren,
Und Land und Leute zu ernähren,

Sind

Sind beyde der Verehrung werth;
Doch liebt ihr alle beyde wenig,
So gebt die Bibel eurem König,
Und euren Pfaffen gebt' das Schwerdt.

### 15.
### Aus dem Horaz übersetzt.

Es deckt der weise Gott zur Mindrung unsrer
Plage
Mit einer finstren Nacht das Schicksal künft-
ger Tage.

### 16.
### Gellert.

Du wünschest dir mit Angst ein Glück,
Und klagst, daß dir noch keins erschienen.
Klag nicht, es kommt gewiß ein günstger Au-
genblick.
Allein, bitt um Verstand, dich seiner zu bedienen,
Denn dieses ist das größte Glück.

### 17.
### Uebersetzer.

Thor! mahle deinen Wunsch getreu an deine
Wand,
So bist du, wo du willst, gleich in Schlaraffen-
Land.

18. von

## Innhalt der Capitel.

### 18.
#### von Haller.

Unseelig Mittelding vom Engel und vom Vieh!
Du prahlst mit der Vernunft, und du gebrauchst sie nie.

### 19.
#### Gellert.

Schilt nicht den Unbestand der Güter,
Du siehst dein eigen Herz nicht ein;
Veränderlich sind die Gemüther,
So mußten auch die Dinge seyn.

### 20.
#### Gellert.

Bey Gütern, die wir stets geniessen,
Wird das Vergnügen endlich matt.
Und würden sie uns nicht entrissen,
Wo fänd ein neu Vergnügen statt?

### 21.
#### Uebersetzer.

Des Schöpfers Harmonie scheint dir sehr
                falsch gesetzt,
Kennst du denn schon die erste Note?
Sie heißt: Erfülle die Gebote.
Dann wett ich, daß sie dich ergötzt.

Register, oder

22.
Uebersetzer.
Im Glükke scheinet dir dein Umgang stets der beste,
Die Noth setzt nur allein den Grad der Freunde feste.

23.
Uebersetzer.
Willst du den Thoren stets entfliehen,
So mußt du dich dir selbst entziehen.

24.
Gellert.
Zwey Strafen findest du, die bey der Wollust wachen,
Theils strafet das Gesetz, theils die Natur der Sachen.
Der ersten zu entgehn, lehrt dich die Wollust zwar,
Doch bey der andern Art verbirgt sie die Gefahr.

25.
von Haller.
Es zeuget die Natur stets minder Gold als Eisen,
Der Staaten schlechtester ist der von eitel Weisen.

26. Gel-

## Innhalt der Capitel.

### 26.
### Gellert.

O lernt, ihr unzufriednen Kleinen,
Daß ihr die Ruh nicht durch den Stand ge-
minnt,
Lernt doch, daß die am mindsten glücklich sind,
Die euch am meisten glücklich scheinen.

### 27.
### Uebersetzer.

Du fragest mich: Verdien ich meine Plagen?
Hierum mußt du dich selbst befragen,
Dein eignes Herz kann es zum besten sagen.

### 28.
### Aus den Poës. div. übersetzt.

Nie wird der Pepping-Baum die Rosen-
Knospen treiben,
Es muß die Würkung stets der Ursach Sclave
bleiben.

### 29.
### Uebersetzer.

Wer Gutes thut, um Gutes zu empfangen,
Wird selten seinen Zweck erlangen.

30. Aus

# Register, oder Innhalt ꝛc.

30.
Aus dem Poëf. div. überſetzt.

Die Muſe liefert uns nur blos des Glückes
Schein,
Das wahre Glücke bringt die Arbeit nur
allein.

www.ingramcontent.com/pod-product-compliance
Lightning Source LLC
Chambersburg PA
CBHW031955230426
43672CB00010B/2166